幸田雅治 編
Masaharu Kouda
岩本安昭・青木 丈・太田雅幸
日置雅晴・板垣勝彦・今川 晃 著

行政不服審査法の使いかた

法律文化社

はじめに

行政不服審査は、国民の権利利益の救済をはかり、行政の適法性・妥当性を確保するための重要な法制度です。しかし行政不服審査法は、昭和37年に制定・施行されて以来、50年以上にわたり本格的な改正が行われず、十分な機能を果たしているとはいいがたい状況にありました。国民の権利意識も変化し、行政不服審査における審理の公正性の確保など、時代に即した制度の見直しが喫緊の課題となっていました。

こうした状況をふまえ、簡易迅速性を生かしつつ、より公正性が確保され、かつ利用しやすい制度とする観点から、抜本的な見直しについての検討が重ねられ、行政不服審査法案ほか関連3法案が平成26年3月14日に国会に提出されました。3法案は同年6月6日に可決・成立し、新しい行政不服審査法が平成28年4月1日から施行されました。

行政不服審査法の目的は、国民の権利利益の救済をはかるとともに、行政の適正な運営を確保することですが、この制度がきちんと機能することは、個人の権利利益の保護にとどまらず、社会にさまざまなよい影響をもたらすと思われます。

まず、紛争解決機能の強化という面では、これまで十分ではなかった国民の実体的権利の保障や手続的権利の保障がはかられることによって、国民と行政の関係がよりよいものになっていく、そして、行政の活動もよりよくなっていくことが期待されます。また、住民の意見反映などの手続が定められている場合には、手続的民主性の向上につながる効果も期待できるでしょう。

次に、行政の適正な運営の確保の面では、行政の自己修正機能の強化によって、信頼性の向上につながる効果が期待されます。行政の活動は、環境問題のように、行政処分の相手方以外にも影響を及ぼすものなど、幅広い国民に関係してくるものです。自己修正機能の発揮によって、当該事件の処理にとどまらず、より大きな公共性の向上につながることや行政職員の意識の変化をもたらすことも期待したいところです。

しかし、これらの効果も、不服申立てを受ける立場の国や地方公共団体の行政側の体制整備がはかられるだけでは実現しません。不服申立てを行う国民（市民、住民）側の取り組みが欠かせません。つまり、**「行政における適切な行政不服審査法の運用」と「国民における適切な行政不服審査法の利用」の両者が車の両輪となって初めて、今回の新しい行政不服審査法に魂が入る**といえるでしょう。

行政不服審査法の改正を契機として、法律の逐条解説、弁護士などの専門家向けの解説書、地方公共団体が適切な対応を行うための実務的解説書などは数多く出版されていますが、国民を意識した本はほとんどありません。**本書は、主として国民が自ら不服申立てを行うことを念頭においた行政不服審査法の本**であるという特徴をもっています。つまり、不服申立てを受ける側の対応に基軸がおかれているのではなく、**「改正法を国民がどのように使いこなせばよいか」**という観点を重視して書かれているものです。

ところで、行政不服審査法の略称を本書では「行服法」としていますが、これには意味があります。行政事件訴訟法は「行政」にたいする訴訟であり、一般的に「行訴法」と略されています。これにたいして、行政不服審査法は「行政」にたいする「不服」を「審査」することです。「行審法」の略称は総務省が使っていますが、「行政が」不服を「審査」することに重点がおかれ、行政目線となりますが、「行服法」の略称であれば「行政に」

たいして「不服」申立てをすることに重点がおかれ、国民目線となります（「行政不服申立て」の略称としての「行服」）。やはり、行政への不服を救済すると捉える必要があると思いますので、「行服法」と略すのがよいと考えています。もともと自治体では「行服法」と一般的には使ってきていましたが、これは、自治体が住民に身近に接しており、行政が「不服を申し立てられる」立場にあり、それを受け止める存在であると意識していたからにほかならないと思います。名は体を表すということわざもあるように、名称は重要です。今回の改正では手続保障がクローズアップされているだけに、「行服法」の略称を意識的に使うようにしましょう。

ちなみに、旧行政不服審査法以前における行政上の不服申立ての一般法であった「訴願法（明治23年法律第105号）」が廃止され、昭和37年に旧行政不服審査法が制定されました。その際の新しい法律の名称としては、「行政抗告法」、「行政審査請求法」、「行政不服申立法」などが俎上に載せられていたようです。

◇

本書は、行政不服申立てを行う際に参考にしていただきたいと思っています。法律文化社のウェブサイトにおける本書の紹介ページに、①実際に審査請求を行おうとするときの疑問点や悩みについてのＱ＆Ａ、②行服法関連のトピックニュース（裁決例など）、③本書購入者からの質問のうち参考になると思われるものについての回答を記したＰＤＦを掲載しますので、「関連情報」ボタンをクリックしてご覧いただきたいと思います（閲覧にはパスワードの入力が必要になります）。ＰＤＦは平成29年末までに数回更新する予定で、ＰＤＦの執筆者は、本書の執筆者を中心にして行政不服審査に詳しい弁護士等が担当します。

本書のなかにＰＤＦ閲覧のためのパスワードと、この本の購入者からの質問を受け付けるメールアドレスを記したページがあります。読み進めていけば気が付く箇所に記していますので、これらも行服法の活用に役立ててください。

平成28年 春

編者　幸田雅治

〔本書の凡例〕

行服法	行政不服審査法
行手法	行政手続法
行訴法	行政事件訴訟法
税通法	国税通則法
相税法	相続税法
所税法	所得税法

序　本書の目的と構成 …… 1
目的／構成

第1部　新しい行政不服審査法の全体像 ―― 9

01　利便性の向上のために …… 10
不服申立ての手続の審査請求への一元化／不服申立期間を60日から3か月に延長／標準審理期間の設定／争点・証拠の事前整理手続の導入／不服申立前置の見直し／争訟の1回的解決

02 公正性の向上のために……17
審理員制度の導入／行政不服審査会等への諮問制度の導入／審査請求人の権利の拡充

03 行政手続法による新たな救済手段の充実・拡大のために……23
行政指導の中止等の求め／処分等の求め

第2部 行政不服審査法活用のポイント ── 25

04 審査請求の起こしかた……26
審査請求はどの行政庁に提出すればいいか／審査請求はいつまでにすればいいか／審査請求書には何を書けばいいか／審査請求の受付はどのようにされるか／執行停止をとるには

05 審理員審理の流れを知ろう……35
審理員とはなにか／審理員による審理はどう進むのか／審理員に直接話を聞いてもらい、処分庁に直接質問する（口頭意見陳述）／処分庁が審理員に提出した書類を閲覧しよう／審査請求の審理はどの程度の期間が必要か／審理員審理の終結と審理員意見書／審理員による審理でない場合も多い

06 まだ、行政不服審査会がある …… 49
行政不服審査会等への諮問とは／行政不服審査会ではどのような審議が行われるのか

第3部
個別分野における不服申立て —— 55

07 国税関係 …… 56
国税不服申立ての構造等／再調査の請求の手続／審査請求の手続

08 子ども・子育て支援法関係 …… 74
うちの子が入園できない！／保育園入園の手続のあらまし／不服の理由／求める裁決について

09 生活保護関係 …… 88
生活保護制度とは／生活保護を受けるための手続／給付の内容／審査請求の手続とポイント／審査請求についての特則

10 建築確認・開発許可関係 …… 109
開発事業を巡る法的係争の現状／建築審査会・開発審査会とは／審理の実情／審査請求に共通する争訟要件を巡る論点／対象処分に関する資料の入手の問題

第4部

審査請求にあたって主張すること —— 127

11 処分の違法（実体的違法） …… 128
法律の条文の構造：要件と効果／効果裁量／要件裁量／事実認定／信義誠実の原則（信義則）への違反

12 処分の不当 …… 147
「違法」と「不当」／審査請求の特質／処分の不当が主張される具体的な事例

13 行政手続法上の違法（手続的違法）、不作為の違法、教示の違法 …… 153
手続的違法とは／申請にたいする処分／不利益処分／不作為の違法／教示の違法

14 裁決にたいする不服申立ての方法（行政不服審査法上の違法） …… 171

裁決に不満がある場合／原処分をとらえるか裁決をとらえるか／裁決固有の瑕疵／原処分主義と裁決主義

15　行政手続法における処分等の求め……177
処分等の求め／不作為についての審査請求との異同／行政庁が処分を行わない場合の不服申立ての手段／条例に根拠を有する処分について

終　法化社会の実現に向けて……181
私たちの生活と法化社会／私たちの権利と法化社会の確立のために／市民の権利救済を支援する社会：法化社会の基盤形成のために／そろそろ法を積極的に活用しませんか？

資　料

行政不服審査法　要綱――189

序　本書の目的と構成

1　目　的

国民にたいして、行政庁（国や地方公共団体）から処分などの何らかの行為があって、それに不服がある場合には、どうすればよいでしょうか。行政庁の何らかの行為が違法または不当であると考えた場合、それを是正する法的手段としては、大きく2つあります。1つは、行政事件訴訟法にもとづいて裁判所に訴訟を提起する方法で、もう1つは行政不服審査法にもとづいて行政庁などにたいして不服を申し立てる方法です。どちらも、行政庁の行為をなかったことにしてもらうか、場合によっては自分が考える別の行為に変えてもらうことを求めることになります。

具体的な事例としては、「保育園に自分の子どもを入れてほしい」と市役所に申し込んだところ、市役所から入園を承諾しない旨の通知を受けとったので、その不承諾通知を取消して入園を認めてほしいと求める場合や、住んでいる住宅が違法建築物であるため除却するように市役所から命令を受けたけれども自分では違法とは思わないので、その命令を取消してほしい場合などがあります。また、以上のような、自分にたいする行政庁の行為を争う場合だけでなく、他人への行政庁の行為を争う場合もあります。たとえば、自分が住んでいる家のすぐそばに大きなマンション建設が進められようとしており、生活環境が侵害されるおそれがあるので、その建築確認の取消しを求める場合です。

裁判に訴える方法と行政不服申立ての方法の2つを比較してみると、裁判に訴える方法は、裁判所に出廷する手間と訴訟費用がかかるのにたいし、行政庁への不服申立ての方法は、不服申立書を提出するだけで済み、手数料も不要です。このことから、行政不服審査は、簡易迅速な手続による国民の権利利益の救済をはかる手段と位置づけられています。また、行政不服審査は、国民からの不服をきっかけとして、行政庁の違法または不当な処分が是正されることになりますので、行政の適正な運営にもつながるものです。そのため、行政不服審査法（以下「行服法」という）は、1条1項で「国民の権利利益の救済をはかるとともに、行政の適正な運営を確保することを目的とする」と定めていて、行政救済機能と行政統制機能の2つが行政不服審査の主要な目的であることを明らかにしています。

行政不服審査は、簡易迅速な手続であるため、実際、平成26年度に提起された行政訴訟が約4500件（最高裁判所事務総局行政局「平成26年度行政事件の概況」）であるのにたいして、国・地方公共団体をあわせた不服申立ては約11万3000件（総務省「平成26年度における行政不服審査法等の施行状況に関する調査結果」）となっていて、行政不服審査がはるかに活用されています。

前記資料によりますと、行政不服審査はおおむね、約3割は3か月以内に、約7割は6か月以内に、約85％は1年以内に裁決等がなされています。これにたいして、行政訴訟は、地方裁判所における審理期間をみますと、訴訟に係属してから1年以内に終了したものが約5割、1～2年以内に終了したものが約3割となっています。

比べて、不服申立てが簡易迅速である傾向がみてとれると思います。

一方、不服にたいする認容率（申立てが認められたもの。一部認容を含む）でみますと、国の機関にたいする不服申立てでは約８％、地方公共団体の機関にたいする不服申立てでは４％となっているのにたいして、裁判では、第1審で請求が認容されたものは約1割となっています。認容率は、不服申立ての内容や大量申立ての有無などによって影響されますので、一概にはいえませんが、不服申立てにおいて実際に違法な行政処分等が取消され、申立人が救済される割合は、裁判よりも少ないとも考えられます。これは、裁判所のような第三者ではなく、行政処分をした処分庁やその上級庁が審査することから来る限界によるものとこれまで考えられてきました。

この行服法が、平成26年6月に52年ぶりに全部改正され、これまでの手続が大幅に変わることになりました（全部改正後の新行服法の施行日は平成28年4月1日）。先に述べた法律の目的規定も改正され、旧行服法（以下「旧法」という）では「簡易迅速な手続による」国民の権利利益の救済をはかるとされていた文言を、「簡易迅速かつ公正な手続の下で」国民の権利利益の救済をはかるとの文言に改正されました。このことからもわかるように、新行服法（以下「新法」という）の最大の特徴は、「公正性の向上」にあります。不服審査における第三者性を高め、国民の権利救済の実をあげることをめざすものですので、国民の側からすると、不服申立ての認容率が高まることを期待したいところです。

行服法の全部改正と同時に、「行政不服審査法の施行に伴う関係法律の整備等に関する法律」および「行政手続法の一部を改正する法律」も成立しました。前者は、行服法の改正にともなって改正が必要となる３６１本の法律が改正されたものですが、このなかには、国民の関心の高い税分野の不服申立て手続を定めている国税通則法（以下「税通法」という）の改正も含まれています。後者は、行服法の改正にあわせて、国民の救済手段の充実をはかるべく、行政手続法（以下「行手法」という）の一部が改正されています。

行服法の改正のうち、公正性の向上に関する内容を紹介しますと、第1に、審理員制度の導入があります。旧法では、不服申立ての審理手続を主宰する職員についての規定がなく、原処分に関与した職員が審理を主宰することも禁じられていませんでした。これにたいして、新法では、処分に関与した職員等は審理員にはなれなくなり、審理員は中立的立場で審理を主宰することになりました。また、旧法では、不服申立てをした者（以下「審査請求人」という）が口頭の意見陳述の申し立てができると定められていましたが、処分庁の出席は義務づけられていませんでしたので、口頭意見陳述は単に聞きおくだけにとどまっていると批判されていました。これにたいして、新法では、口頭意見陳述は、審理員が処分庁を含めすべての審理関係人を招集して行うものとなり、審査請求人は、審理員の許可を得て、処分庁等にたいして質問を発することができるようになり、いわゆる対峙型の審理構造が導入されました。

第2に、第三者機関としての行政不服審査会の設置です。公正性の向上のための審理員制度に加え、有識者からなる第三者機関として、国の場合には総務省に行政不服審査会を設置し、地方公共団体の場合には、執行機関の付属機関として不服審査機関（自治体によって名称は異なるものの、多くの自治体では「行政不服審査会」の名称となっています）を設置することになり、審理員による審査の後に、原則として、これらの機関への諮問を義務づけています。

第3に、審査請求人の権利の拡充です。旧法では、審査請求人は処分庁から提出された証拠書類の閲覧請求権が認められているのみでしたが、新法では、閲覧請求権の対象が拡充されるとともに、新たに謄写請求権も認められるようになりました。

以上述べましたように、新法の制定によって、国民の立場に立って、簡易迅速であるとともに、公正な行政救済が実をあげることが期待されています。本来、国にしても地方公共団体にしても、行政は、法律によって権限を与えられ、その権限を適正に行使することによって、国民の生活の向上をはかり、よりよい社会を実現する責務を負っています。これを実効性あるものとするためには、「法化社会」の実現が欠かせません。「法化社会」とは、ひろく「紛争が生じたら法を使って解決していこう」と人々が考える社会です。

この「法化社会」が実質的な意味で実現するためには、第1に、行政に携わる職員の仕事への取り組みや意識の向上、改善がはかられることが必要なことはいうまでもありません。新法の目的に合致するかたちで運用されなければ、「仏造って魂入れず」のことわざがあるように、せっかくの制度改正がかたちだけのものになってしまいます。新法に設けられた審理員や行政不服審査会の制度が行政側で整えられただけで、自動的に法化社会が実現するわけではありません。

第2に、法化社会の実現のためには、不服申立てを受ける側の体制整備や意識改革だけでなく、不服申立てを行う側である国民の対応も重要となります。国民が不服申立てを適切に行うとともに、行政不服審査制度の運用についての点検、評価を行うことによって初めて、新法の実効性が担保されるものとなります。そして、国民のこのような行動が、ひいては、行政側の意識改革を促すことにもつながり、今回の新法の実があがることにもなるものと考えています。「不服申立てを受ける側」とともに、「不服申立てを行う側」双方のプロセスが相まって制度の意義が高められることになります。

2 構成

前節で述べたように、「法化社会」の実現のためには、「不服申立てを受ける側」である「国および自治体の行政組織」の体制整備や意識改革とともに、「不服申立てを行う側」である「国民」の制度活用と意識改革が求められますが、本書では、「国民」の立場から、どのように新法を使いこなせばよいのかという観点を第一番に念頭において、改正内容を解説するとともに、不服申立てにあたっての留意事項について説明しています。

本書の構成は、4部からなっています。

第1が「新しい行政不服審査法の全体像」です。ここでは、新法の概要を理解してもらうため、今回の見直しの重点項目である「利便性の向上」、「公正性の向上」、「救済手段の充実・拡大」の観点から、改正の趣旨とおおまかな内容について説明しています。

第2が「行政不服審査法活用のポイント」です。ここでは、「国民」の立場から行服法を活用するに際して、まず、「審査請求の起こしかた」について説明し、次に、「審理員審理の流れ」を理解していただき、最後に「行政不服審査会での審議」についてわかりやすく説明しています。はじめに①審査請求の相手先や時期、そして、審査請求書に何を書けばよいかなど、実際に審査請求を起こす手続を中心に説明しています。次に②どのように審理が行われるのかを具体的に説明しています。続いて③審理員意見書を受け取った行政不服審査会がどのように審議するのかを説明しています。これらの手続をよく理解することは、逆にいうと、手続が適正に行われていない場合に、それを指摘することが可能となり、それは行政の体質を変え、意識を変えることにつながると考えられ、ひいては具体的な権利救済に結びつくとともに、問題のある行政庁の行為を是正することにつながるといえます。

行服法が定める手続は、細かな手続も多く、一般国民が理解するのに苦労することも多くあるかと思いますが、「小事が大事（小事が大事を生む）」ということわざからもわかるように、行政不服申立てが認められるという「大きな目標」を実現しようと思うなら、審査手続という一見「小さなこと」を怠らないようにすることが大事です。また、「神は細部に宿る（God is in the details）」ということわざもあります。「大きな目的達成のためには、その重要な構成要素・手段である細部にもこだわらないと目的達成は難しい」という意味です。新法の細かなディテールもおろそかにせず、最大限使いこなしてほしいと思います。

第3が「個別分野における不服申立て」です。ここでは、不服申立てのなかでも件数の多い「国税関係」、「子ども・子育て支援法関係」、「生活保護関係」、「建築確認・開発許可関係」の4分野について、わかりやすい具体的な事例をあげながら、不服申立人が行う具体的な主張などを説明しています。当該分野について不服申立てを考えている人はもちろんですが、他の分野についての不服申立ての主張について理解すると別の分野にも応用できる場合がありますので、自分の関心分野に引き寄せて参考にしていただければと思います。

第4が「審査請求にあたって主張すること」です。ここでは、不服申立てをする際に法的観点からどのような主張をするのがよいかを説明しています。不服申立てをする多くの人は、法律的にどこがおかしいかを理解して行うというよりも、「とにかくおかしい」、「こんなことをされて腹が立つ」と思って不服申立てを行おうとするのが最初の段階でしょう。しかし、その思いを法的観点から根拠づけなければ、最終的に不服申立てで勝つことは難しいでしょう。不服申立てをする場合の法的知識の基礎となる行政法の理解をしてもらうため、具体的な事例を引用しながら解説しています。また、訴訟では「違法かどうか」しか争えませんが、行服では「不当かどうか」も争えますので、そのちがいも意識して、どのような主張をするのがよいかも考えてほしいと思います。
最後に、平成18年から19年にかけて総務省に設置された「行政不服審査制度検討会」委員を務めておられた今川晃教授からの「法化社会の実現に向けて」と題するメッセージを載せています。同検討会では、専門的立場から行政不服審査制度の抜本的な改正を提言するとともに、行服法および行手法に盛り込まれるべき改正内容の骨子およびその趣旨をまとめましたが、これが、平成26年6月の行服法全部改正につながりました。

【幸田雅治】

第**1**部

新しい行政不服審査法の全体像

01

利便性の向上のために

1　不服申立ての手続の審査請求への一元化

旧法では、行政庁の処分にたいする不服申立ての手続が「異議申立て」と「審査請求」に分かれていました。「異議申立て」は処分庁に上級行政庁がないとき、「審査請求」は処分庁に上級行政庁があるときに行われるのが原則となっていましたが、異議申立ては審査請求と比較して、処分庁から説明を受ける機会が与えられていないなど手続的保障が不十分でした。また、処分庁に上級行政庁があるかどうかによって不服申立ての手続保障に差が生じるのは不合理であること、審査請求と異議申立てという複数の手続があること自体が国民にとってわかりづらいことなどの問題があったことから、新法では、「異議申立て」制度を廃止して「審査請求」に一元化することになりました（2条、3条）（図01-1）。

ただし、例外として、不服申立てが大量に行われるものについては、「再調査の請求」という手続を個別法で設けることが許されています（5条）。これは、税通法や関税法による処分など大量に行われるものについて、処分庁が審査請求よりも簡略な手続で処分の見直しを行い、迅速に紛争を解決することを可能ならしめる手続で

図01-1　審査請求への一元化

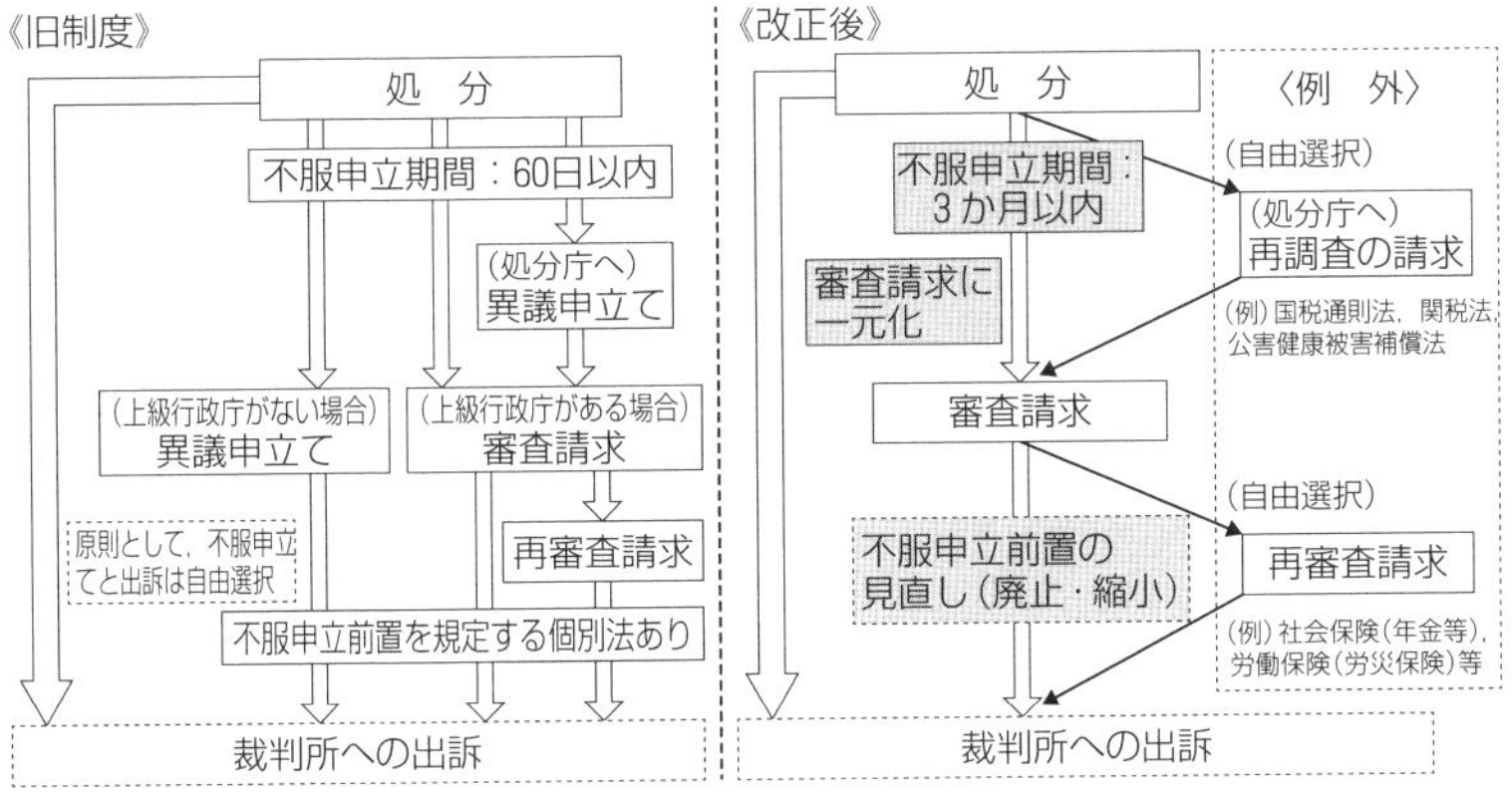

（出所）総務省資料

す。ただし、手続保障としては、審理員制度は適用されないなど、審査請求よりも低いレベルのものになりますので、法律上「再調査の請求」ができる場合であっても、これを経ずに審査請求をすることが可能となっています。なお、国税の処分については再調査の請求ができますが、地方税の処分については審査請求で争うことになっています。

たとえば、旧法では国税に関し税務署長からの処分があったときは、原則として①税務署長にたいする異議申立て→②国税不服審判所長にたいする審査請求→③取消訴訟という順番で手続を行う必要がありましたが、新法では税務署長にたいする再調査請求を経ずに国税不服審判所長にたいする審査請求をすることも可能となっています。

もう1つの例外は、審査請求についてさらに第2審的手続として、個別法で再審査請求が認められています。これは、社会保険や労働保険等の分野で、これまで審査請求に続く2段階目の救済手続として機能してきたことを反映し、専門的な第三者機関の審査を受ける意味がある場合や、全国的な統一性を確保する場合のように特別の意義のある場合に存置されることになったものです。

ただし、審査請求の裁決に不服のある場合に、再審査請求をするのか、裁判所に出訴するのかは自由選択となっています。

2　不服申立期間を60日から3か月に延長

旧法では、異議申立ておよび審査請求をすることのできる期間は、処分があったことを知った日の翌日から60日以内とされていましたが、新法ではこれが「3か月以内」に延長されました。また、旧法では、例外事由が「天災その他審査請求をしなかったことについてやむを得ない理由があるとき」とされ、たとえば、処分の際に審査請求期間について教示がされなかった場合は含まれないとされるなど狭く限定されていましたが、新法では、例外事由は「正当な理由があるとき」に緩和されました（18条1項）。

ただし、行政事件訴訟法（以下「行訴法」という）においては、取消訴訟の出訴期間は6か月となっていることから、不服申立期間も6か月で平仄《ひょうそく》を合わせるべきではないかという意見も根強いところで、6か月への延長は今後の課題となっています。

3　標準審理期間の設定

審査庁となるべき行政庁は、審査に必要な標準審理期間を定めるよう努めるとともに、これを定めたときは関係行政庁の事務所における備えつけその他適当な方法により公にしておかなければならないとされています

（16条）。この規定は、審理の遅延をできるだけ防ぎ、審査請求人の権利利益の迅速な救済をはかる観点から、審理期間の目安となる標準審理期間を定めることを努力義務としたものです。

標準審理期間の範囲は、審査請求が審査庁となるべき行政庁に到達してから裁決するまでとされていますので、審理員の審理に要する期間はもとより、行政不服審査会における審理期間とそれを経た後の審査庁の裁決までが含まれます。なお、あくまで目安として定められるものですので、標準審理期間内に裁決ができなかったからといって、違法となるものではありません。

4 争点・証拠の事前整理手続の導入

審理員は、審理すべき事項が多数であり、または錯綜しているなど事件が複雑であることその他の事情があり、審理手続を計画的に遂行する必要があると認めるときは、審理員は審理関係人（審査請求人、参加人、処分庁等）を招集し、あらかじめ申立人に関する意見の聴取をすることができるものとされています（37条）。

複雑な事件の場合には、弁明書、反論書のみでは、審査請求の趣旨や争点等を明確に認識することが難しい場合があると思われます。このような場合には、審理員と審査関係人が一堂に会して、お互いの主張を述べることによって、争点等が明確になり、その後の審理手続の計画的遂行が可能となります。

図01-2　不服申立前置のしくみ

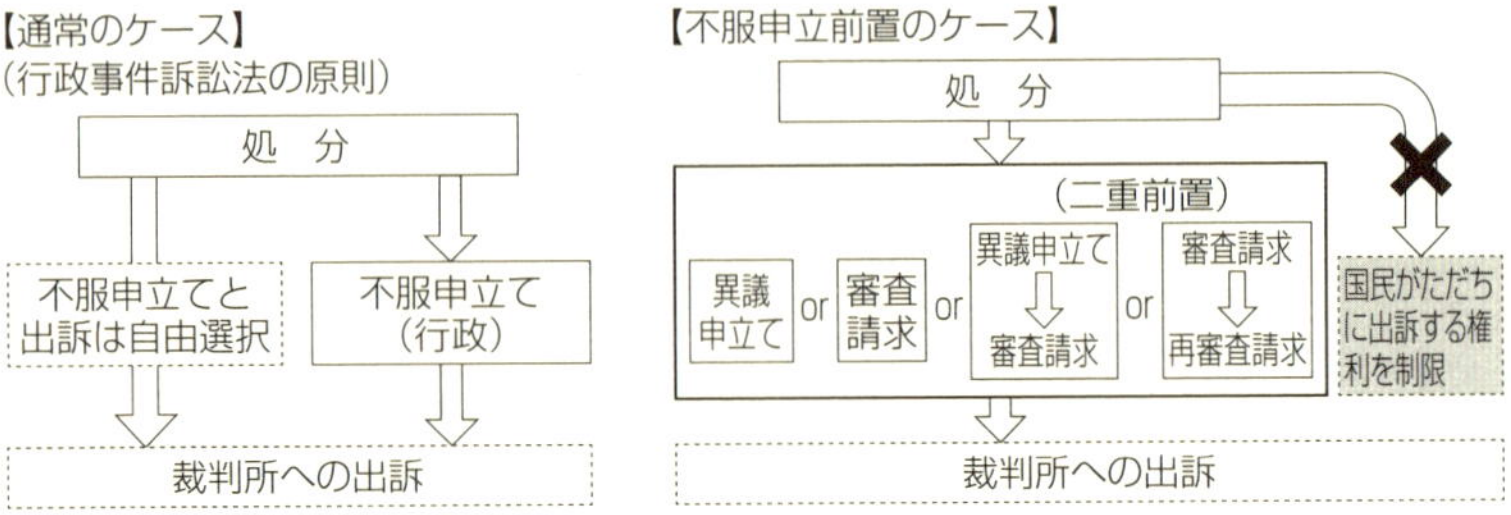

（出所）総務省資料

5　不服申立前置の見直し

行服法の改正にあわせて、個別法による不服申立前置の見直しが行われました。不服申立前置とは、不服申立てにたいする裁決を経なければ取消訴訟を提起できないとする制度のことです（図01-2）。

旧法では、行政処分に不服がある場合、行政機関に不服申立てをするか、ただちに裁判所に出訴するかは、国民の自由選択によることが原則であるとしつつ、その例外として、個別法で不服申立てをしたうえでなければ出訴できないと定めることができ、このような不服申立前置を定めている個別法は96もありました。このような制度は国民の裁判を受ける権利を不当に制限しているとの批判もあったところで、できるだけこれを縮小することになり、①不服申立ての手続に1審代替性がある場合（電波法や特許法などのように、訴訟は高等裁判所に提起される）、②大量の不服申立てがあり、ただちに裁判所へ出訴されると裁判所の負担が大きくなると考えられる場合（税通法、国民年金法、労働者災害補償保険法など）、③第三者的機関が高度に専門的な判断を行う等により裁判所の負担が軽減されると考えられる場合（公害健康被害補償法、国家公務員法など）、を存置を認める基準に設定して見直しを行った結果、68の法律について不服申立

図01-3　不服申立前置の見直し

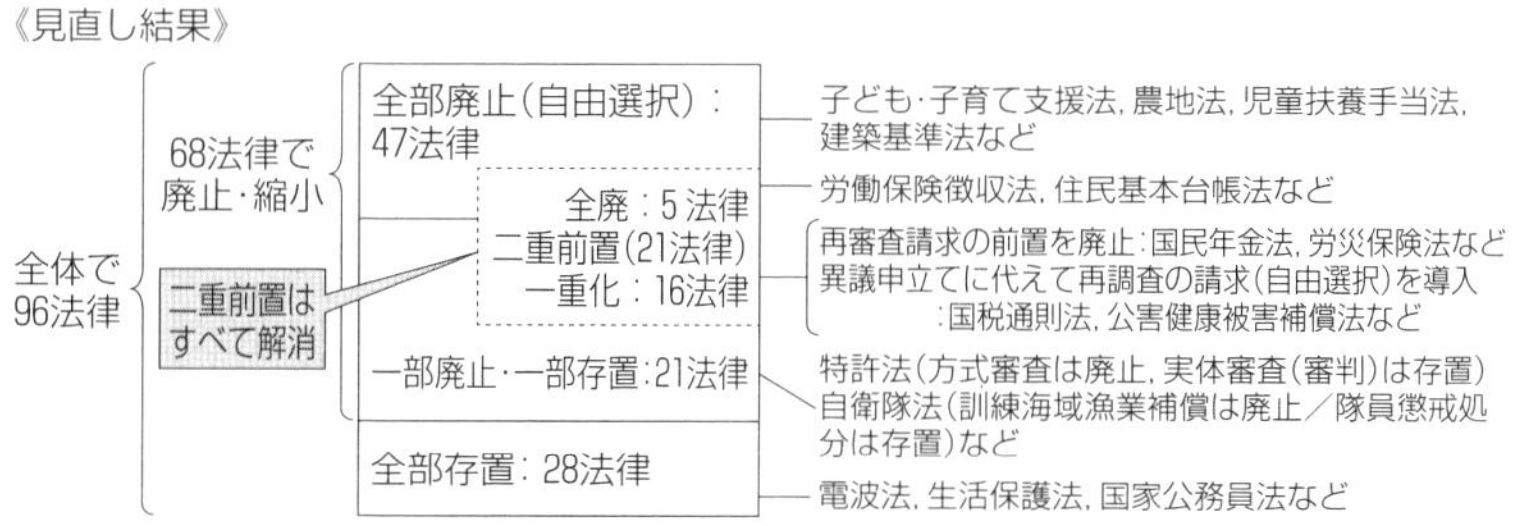

（出所）総務省資料

前置の廃止・縮小が行われることになりました。

不服申立前置には、2段階の不服申立てを経なければ訴訟を提起できないとされている二重前置も21法律ありましたが、新法ではすべて解消され、5つの法律で前置を全廃し、残りの16の法律で前置を一重化することになりました。たとえば、労災認定の処分に不服がある場合、旧法では審査請求、再審査請求という2段階の不服申立手続を経なければ訴えを提起することができませんでしたが、新法によって、再審査請求を経なくても訴えを提起することが可能になりました（図01-3）。

6　争訟の1回的解決

申請にたいする拒否処分が違法、不当である場合には、当該処分は取消されることになりますが、処分庁は裁決で違法とされた拒否理由とは別の理由によって拒否処分をすることが可能です。審査請求人は、申請を認めてほしくて申請拒否処分にたいする不服申立てをするのですが、再度の拒否処分にたいして、再度、審査請求を行うことを余儀なくされます。

そこで、新法では、より手厚い権利利益の救済方法として、裁決で単に違法または不当な申請拒否処分の取消しを行うだけにとどまらず、争訟の1回的解決の観点から、法令にもとづく申請を認容する処分をすることにより申請にたいする処分を確定させる措置がとれるようになりました（46条2項）。ただし、申請拒否処分の取消しにとどめるか、加えて、当該申請にたいして一定の処分をすべきかは、審査庁の判断に委ねられていますので、審査庁は、審理の状況その他の事情を考慮して、申請にたいする一定の処分をすべきものとは認めない場合には、処分の取消しにとどめて、再処分については処分庁に委ねることもできます。

不作為にたいする審査請求についても、争訟の1回的解決の観点から、新法では、同様の規定が設けられました。つまり、不作為についての審査請求がなされた場合に、不作為が違法または不当であり、かつ、当該申請にたいして許可処分をすべきものと認める場合には、当該処分を確定させる措置がとれるようになりました（49条3項）。

新法における上記の規定は、平成16年の行訴法改正において、取消訴訟と許可処分の義務づけ訴訟の併合提起ができるようになるとともに、申請型義務づけ訴訟が法定され、法令にもとづく申請にたいし不作為の状態が継続している場合に許可処分を義務づける訴訟を提起できるようになったことを参考としたものです。

【幸田雅治】

02 公正性の向上のために

1 審理員制度の導入

旧法では、審査請求の審理を行う者に関する規定がなく、原処分に関与した職員が審査請求の審理を行うこともありうる状態になっていましたが、新法ではこれを改め、処分、再調査の請求についての決定、処分にかかる不作為に関与していない職員を審理員に指名し、審理員が主張・証拠の整理などを含む審理を行い、審理員意見書を作成し、これを審査庁に提出するしくみを新設しました（9条）（図02-1）。

新法のしくみは、審査請求の審理手続をより客観的で公正なものにするという趣旨にもとづくもので、審理員の公正中立性を確保するための除斥事由を以下のとおり定めています（9条2項）。

(ア) 審査請求に係る処分若しくは当該処分に係る再調査の請求についての決定に関与した者又は審査請求に係る不作為に係る処分に関与し、若しくは関与することとなる者（以下「原処分関与職員」という。）

(イ) 審査請求人

図02-1　審理員制度

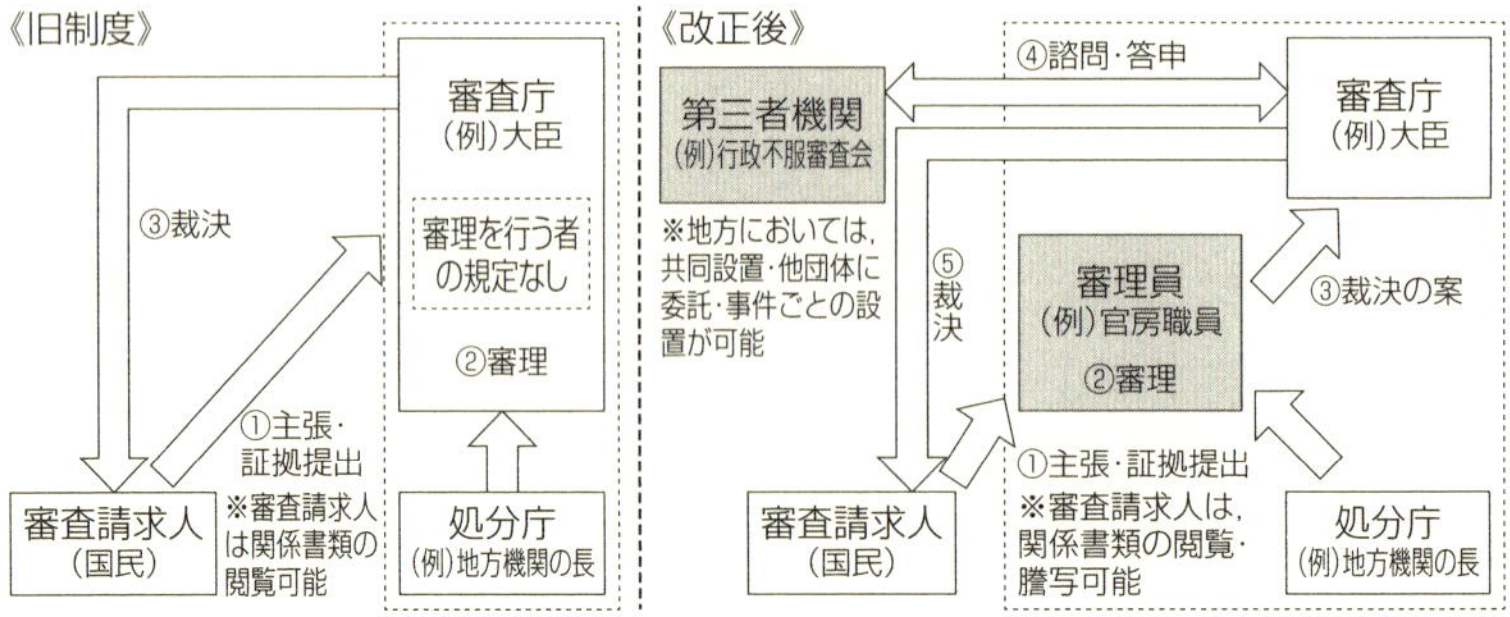

（出所）総務省資料

(ウ)　審査請求人の配偶者、4親等内の親族又は同居の親族
(エ)　審査請求人の代理人
(オ)　(ウ)(エ)に掲げる者であった者
(カ)　審査請求人の後見人等
(キ)　行服法13条1項に規定する利害関係人

原処分関与職員には、以下のような職員はすべて含まれますので、これらの職員は審理員になることができません。

・審査請求の対象となる処分等を行うための証拠の収集、事実認定をした職員
・処分等に係る聴聞を主宰した職員
・処分等の決定権者
・処分等の決定書を起案した職員
・上記決定書の稟議書に押印した職員
・処分等に係る内部の協議に参画した者（当該事案について協議に預かり、法定見解を示した者も含まれます。）

小規模な町村等においては、審査請求を主宰する経験、知識を有する適任者がすべて原処分関与職員に該当してしまい、審理員を指名することが不可能な場合も想定されますが、このような場合には、弁護士等の適切な人材を非常勤職員として任用したうえで審理員に指名するなどの方法をとって対応することになります。なお、このような場合にかぎらず、公正中立性の観点から、大規模な自治体等においても、弁護士等の外部人材を審理員にする方法をとっているところもあります。

新法が、審査庁とは異なる「審理員」という新たな職名を定義して、審理員に各手続を主宰させていることから明らかなように、審理手続の主宰における独立性を保つ必要があります。つまり、審理員は、審査庁に所属する職員から指名されますが、その業務においては、審査庁の決裁を受けることなく独立して職権を行使する必要がありますので、上司などに処分庁に有利となる審理手続の進行を求められたとしても、一切応じることはできません。

また、審理員意見書作成における独立性はとくに重要です。審理員は、審理員意見書を作成し、処分についての適法性・不当性を判断することになりますが、この判断に際して、上司などに助言を求めたり、上司の指示に従うということがあってはなりません。とくに、処分庁が審査庁である場合には、処分庁と審理員の所属する組織が同一の機関になりますので、処分庁（審査庁）による影響を受けないよう十分に注意する必要があります。

2 行政不服審査会等への諮問制度の導入

新法では、審査請求手続において客観的かつ公正な判断が得られるよう、有識者から構成される行政不服審査会等を設け、審査請求の審理に関与するしくみを新設しました。審理員には除斥事由が設けられているとともに、審理員は自らの名において審理を主宰することとされていますが、審理員は審理庁の職員ですので、この制度だけでは公正性が十分であるとは必ずしもいえない面があります。それで、審査庁、処分庁から独立した第三者機関が関与する制度を設けることによって、公正性への国民の信頼をさらに向上させることにしたものです。

新法では、審理員の審理の後、原則として、行政不服審査会等への諮問が義務づけられています。もっとも、審査請求人が希望しない場合（不服申立前置なので仕方なく審査請求をしているが、初めから審査請求には期待しておらず早く訴えを提起したい場合等）には、諮問を希望しない旨の申出をすることもできます。諮問に際しては、審理員意見書および事件記録の写しを添えなければならないとされています。

行政不服審査会等における審理手続は、簡易迅速な手続という審査請求制度の趣旨に照らし、書面審理が中心となります。ただし、審査関係人の申立てがあった場合には、当該審査関係人に口頭で意見を述べる機会が与えられますし、主張書面または資料を提出することなどもできます。

国においては、９人の委員からなる行政不服審査会が総務省に設置されます。地方公共団体においては、執行機関の付属機関として、国と同様の権限を行使する第三者機関が置かれることになりますが、国とは異なり、常設ではなく、事件ごとに設置することも可能となっています。

行政不服審査会等は、審理の後、諮問にたいする答申を行い、答申書の写しを審査請求人等に送付するとともに、答申の内容を公表することになっています（79条）。

3 審査請求人の権利の拡充

新法では、審理手続において、審査請求人の手続保障が格段に拡充されました。第1に、口頭意見陳述における質問権が付与されました。旧法では、審査請求人または参加人が口頭意見陳述の申立てができると定められていましたが、処分庁の出席は義務づけられておらず、審査庁は、審査請求人等の意見を聞きおくだけにとどまっている面も指摘されていました。新法では、審査請求人等の口頭意見陳述は、審理員がすべての審理関係人を招集して行うものとなり、申立人は、審理員の許可を得て、処分庁等に質問を発することができるようになりました（31条）。これは、審査請求人等が処分庁に対面して、直接質問できるということですので、たいへん大きな権利といえます。

第2に、閲覧請求権の対象の拡大と写しの交付請求権の創設です。旧法では、審査請求人等は処分庁から提出された証拠書類の閲覧請求権が認められているのみで、行手法18条の文書等閲覧請求権の対象（「当該事案についてした調査の結果にかかる調書その他の当該不利益処分の原因となる事実を証する資料」）よりも狭いものでした。新法では、審査請求人等は、「聴聞調書及び聴聞主宰者の報告書並びに弁明書」、「審査請求人等が提出した証拠書類もしくは証拠物又は処分庁等が提出した処分理由となる事実を証する書類その他の物件」、「審理員が所持人に対し提出を求めて提出された書類その他の文献」を閲覧できるとして閲覧請求権の対象が拡大されました。また、写しの交付請求権も認められました（38条1項）。

以上、新法によって拡充された権利について説明してきましたが、審理員が審理手続を主宰していますので、審理員にできるだけ審査請求人等の立場に立った手続運営をしてもらうことが重要です。行服法上、審理員の業務について規定がない場合には、原則として、規定がないから「できない」と考えるのではなく、規定がないことは「できる」（可能である）という意味であると解釈する必要があります。たとえば、処分庁から提出された弁明書については、これを審査請求人にたいして送付することとなりますが（29条5項）、弁明書とともに提出された証拠書類については、その写しを審査請求人にたいして送付する旨については行服法では規定されていません。しかし、審査請求人としては、処分庁が提出した証拠書類にも目を通さなければ弁明書にたいして的確に反論することなどできません。そのため、審査請求人は、証拠書類の閲覧・謄写をする（38条1項）ことになります。そこで、審理員は、運用として、証拠書類の副本の提出を処分庁に命じて、これを審査請求人に送付することが望ましいといえます。しかし、すべての審理員がこのような運営をしてくれるとはかぎりませんので、あらかじめ、審査請求人等の側から審理員にたいして、このような取り扱いをしてもらいたい旨を要望しておくとよいでしょう。

【幸田雅治】

03 行政手続法による新たな救済手段の充実・拡大のために

1 行政指導の中止等の求め

行服法の全面改正にあわせて、行手法も一部改正が行われました（図03－1）。その第1が、行政指導の中止等の求めです。法令に違反する行為の是正を求める行政指導が行われた場合、改正前の行手法では、その行政指導が誤りであると思う場合にも、その行政指導自体を中止させる法的手段は設けられていませんでした。それにたいして、改正により新設された行手法36条の2では、そのような場合には、法令に違反する行為の是正を求める行政指導の相手方は、行政機関に申出書を提出して、当該行政指導の中止その他必要な措置をとることを求める申出をすることができることとなりました。ただし、「申出」であるため、申出を受けた行政機関に応答義務を課すものとはなっていませんし、国民に請求権を付与するものではありません。

図03-1　行政手続法の改正

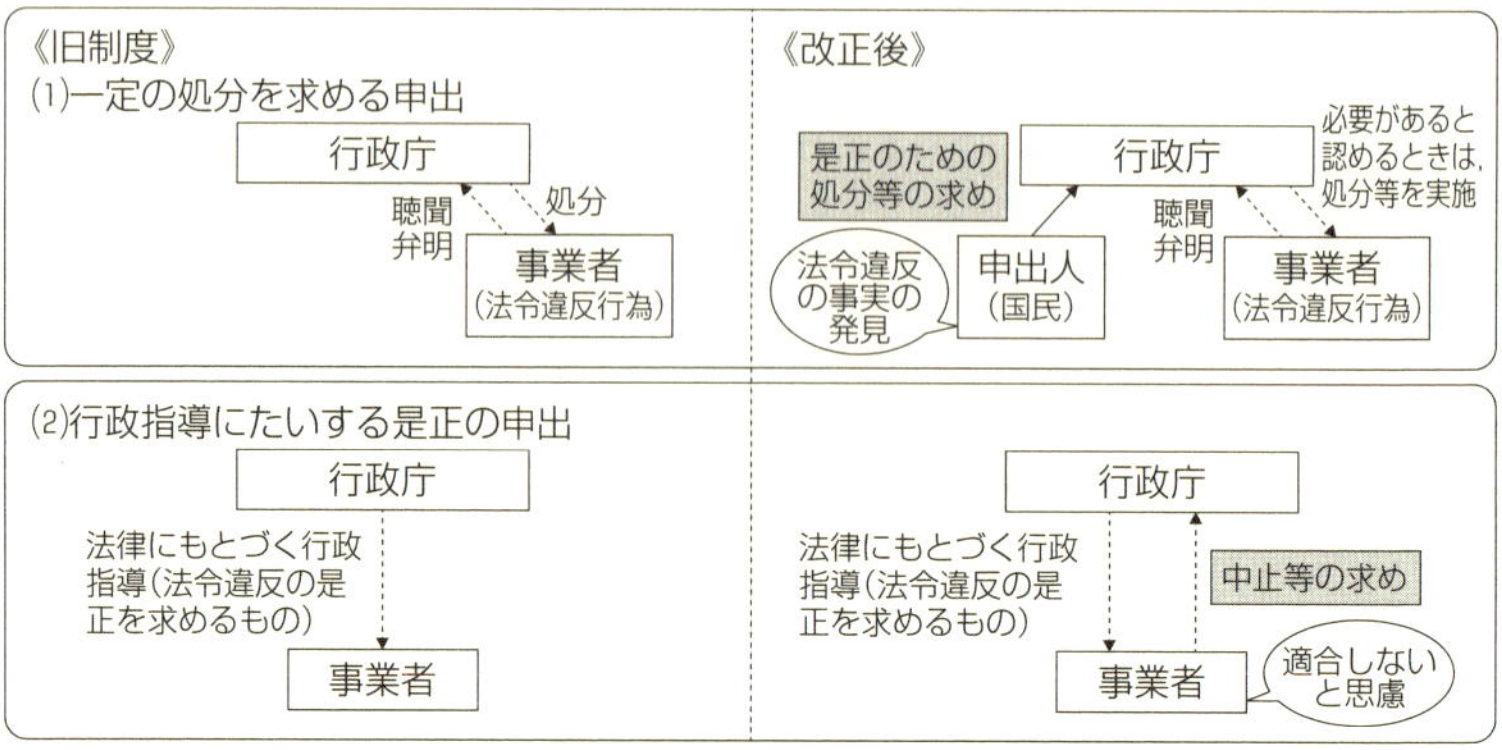

(出所) 総務省資料

2　処分等の求め

第2が、処分等の求めです。

何人も、法令に違反する事実がある場合において、その是正のためにされるべき処分または行政指導が行われていないと考えるときは、権限を有する行政庁や行政機関にたいし申出書を提出して、当該処分または行政指導を求めることが可能とされました（行手法36条の3）。この処分等の求めも、行政指導の中止等の求めと同様、「申出」ですので、行政機関に応答義務はなく、国民に請求権を与えるものではないとされています。ただし、行政機関によって処分等の求めが拒否された場合、当該拒否を処分とみなして審査請求や取消訴訟を提起できないのかという点については、今後訴訟等で問題となる可能性もあります。

【幸田雅治】

第2部

行政不服審査法活用のポイント

04

審査請求の起こしかた

1　審査請求はどの行政庁に提出すればいいか

新法では、旧法のもとで審査請求と異議申立てに分かれていた行政不服審査は、ほぼ審査請求に一本化され、手続の区別が原則としてなくなりました。旧法下では、どこに審査請求をするか複雑なところもありましたが、新法ではある程度整理されており、次の行政庁に審査請求をすることとされています（4条）。

① 処分をした行政庁（以下「処分庁」という。）又は不作為をしている行政庁（以下「不作為庁」という。）に上級の行政庁がない場合又は処分庁等が主任の大臣、宮内庁長官、又は外局の庁の長である場合　処分をした処分庁又は不作為をした行政庁

② 宮内庁長官又は外局に当たる庁の長が処分庁等の上級行政庁である場合　宮内庁長官又は当該庁の長

③ ①又は②以外の場合で大臣が処分庁等の上級行政庁である場合　当該主任の大臣

④ ①ないし③に掲げる場合以外の場合　当該処分庁等の最上級行政庁

処分にたいする審査請求の場合、処分通知書に「この処分に不服がある場合には、この通知を受け取った日から三月以内に××に審査請求をすることができます」といった文（これを教示文といいます）が書かれていますから、この教示文に記載された相手方（××）に審査請求書を提出すればいいのです。○○をしてほしいので申請したが、応答がないという不作為の場合には、前記に表示された行政庁に審査請求をすることになります。わからなければ、申請をした行政庁で聞くのが適切です。

また、審査請求は、処分庁や不作為庁を通じて提出することもできますから（21条）、処分等をした行政庁に提出することもできます。

ただし、処分等の根拠となる個別の法律に特例が置かれていることがあります。たとえば生活保護法64条は「第十九条第四項の規定により市町村長が保護の決定及び実施に関する事務の全部又は一部をその管理に属する行政庁に委任した場合における当該事務に関する処分並びに第五十五条の四第二項の規定により市町村長が就労自立給付金の支給に関する事務の全部又は一部をその管理に属する行政庁に委任した場合における当該事務に関する処分についての審査請求は、都道府県知事に対してするものとする」との規定を置いており、保護の決定等に関する処分については、都道府県知事に審査請求をすることになります。審査請求をしようとする処分の根拠となった個別の法律にこのような条文がないかについて確認してみてください。また、国税のように審査請求の宛て先が国税不服審判所という特別の機関とされている例もあります。かならず、教示文を確認してください。

2　審査請求はいつまでにすればいいか

処分についての審査請求は、原則として、処分があったことを知った日の翌日から起算して3か月以内にしなければなりません（18条1項）。税務関係などで再調査の請求を行った場合には、再調査の請求にたいする決定があったことを知った日の翌日から起算して1か月以内にしなければなりません（同項）。また、処分があった日の翌日から起算して1年間を経過した後はすることができません（18条2項）。ただし、「正当な理由」がある場合には、この期間を超えても審査請求をすることができる場合があります。正当な理由には、災害で長期間審査請求をすることができなくてもやむをえない状況にあったことなどがあるといわれていますが、個別的な事案に応じて判断されることになっています。実際には、正当な理由が認められるケースはほとんどないものと考えられます。

審査請求は、行政庁に到達して初めて審査請求をしたことになるのが原則ですが、郵便で提出した場合、郵送に要した期間は、この3か月等の期間に算入しないことになっています（19条3項）。

一方不作為についての審査請求は、具体的な審査請求期間の定めはありません。申請をしてから相当期間が経過しても、なんらの処分がない状態が続いているかぎり、提起することができるとされています（3条）。

3 審査請求書には何を書けばいいか

審査請求は、法律や条例に口頭ですることができる旨の定めがある場合を除き、審査請求書を提出して行わなければなりません（19条1項）。では、審査請求書に何を書けばいいのでしょうか。行服法には、審査請求書の必要的な記載事項として、次の項目があげられています。

① 処分についての審査請求（19条2項）

ア 審査請求人の氏名又は名称及び住所又は居所

イ 審査請求に係る処分の内容

ウ 審査請求に係る処分（当該処分について再調査の請求についての決定を経たときは、当該決定）があったことを知った年月日

エ 審査請求の趣旨及び理由

オ 処分庁の教示の有無及びその内容

カ 審査請求の年月日

② 不作為についての審査請求（19条3項）

ア 審査請求人の氏名又は名称及び住所又は居所

イ 不作為に係る処分についての申請の内容及び年月日

ウ　審査請求の年月日

これら以外に、審査請求の宛て先となる行政庁の名称も記載すべきです。

行服法は、審査請求書の様式を定めていません。法律や条例によっては様式を定めているものがあります。手書きでも構いませんが、捺印が必要です。審査請求の宛て先が処分をした行政庁でないときは、正副2通を提出する必要があります（施行令4条1項）。

記載内容で最も考えなければならないのは、処分に関する審査請求の趣旨および理由です。まず、審査請求の趣旨は、審査請求によって、対象となる処分の取消しまたは変更を求めるということです。これには、まず、対象となる処分を特定する必要があります。

どの行政庁が、いつ、誰にたいしてした、どのような内容の処分かを特定できるように記載し、取消しまたは変更を求める範囲が処分の全部なのか、一部なのかもわかるように記載してください。

次に審査請求の理由ですが、その処分について、どのような理由で違法なのか、不当なのかを事実と法令に即して記述するのが原則です。違法、不当の内容については、本書第4部を読んでみてください。処分がなぜ違法なのかをできるだけ詳しく、かつ、わかりやすく書くのがポイントです。

提出した審査請求書の記載に漏れや誤りがあった場合、訂正や補充の書面を提出することが一般的に認められています。審査請求書に不備があるからといって、その不備が加筆、修正により補正することができるようなものであるときは、却下するのではなく、審査庁は、相当の期間を定めてその不備の補正を命じなければならないとされています。提出した審査請求書について補正の通知が来たときは、かならず、期間内に補正するようにしてください。

4　審査請求の受付はどのようにされるか

審査請求を受け付けるのは、審査庁です。審査庁は、受付後に審理員の審理に先立って審査請求が適法にされているかについて形式的審査を行います。審査請求書にすべての必要事項が記載されているか、法人等の場合資格証明書、委任状等添付書類が添付されているか、審査請求にかかる処分等が存在するか、審査請求期間内の申立てであるか、審査請求先が適正であるか等の形式的審査を行い、補正を要する場合は補正を命じなければならないとされています（23条）。

審査請求人が補正を命じる通知書に定められた期間内に不備を補正しないとき、審査請求が不適法で補正することができないときは、審査庁は、審理手続を経ないで審査請求を却下することができます（24条1項・2項）。不適法で補正することができないときとは、審査請求期間を過ぎてから提起された審査請求で正当な理由が認められないときや、審査請求の対象となった処分に無関係な者が提起した審査請求など不備を補正することができない場合のことです。

却下というのは、審査請求自体が不適法であるということでいわば門前払いということになりますが、期間内に補正しなかった場合でもなにか理由がある場合や、なんらかの事情により補正をすることが困難な場合には、そのまま審理をすることもありえます。

5　執行停止をとるには

執行停止とはなにか

審査請求をしただけでは、処分の効力、処分の執行または手続の続行は、止められません（25条1項）。審査請求の裁決をとっても、処分から期間が経過し、許認可を取消された会社が破たんしたり、建築確認を争う場合、建物が完成したりして意味がなくなることが多くあります。また、税の更正処分を争う場合、執行停止をとらないと滞納処分がされることもありえます。このようなことを避けるためには、執行停止をしておく必要があります。しかし、執行停止をとることは相当ハードルの高いものです。旧法時代は行政不服審査における執行停止はほとんど認められてきませんでした。

まず、処分庁の上級行政庁または処分庁が審査庁の場合、審査庁は、必要があると認める場合には、審査請求人の申立てまたは職権で、処分の効力、処分の執行または手続の続行の全部または一部の停止その他の措置をとることができます（25条2項）。また、処分庁の上級行政庁または処分庁のいずれでもない審査庁は、必要があると認める場合には、審査請求人の申立てにより、処分庁の意見を聴取したうえ、執行停止をすることができます。ただし、この場合処分の効力、処分の執行または手続の続行の全部または一部の停止以外の措置をとることはできません（25条3項）。

執行停止は、職権でもできるように規定されていますが、旧法の下では職権で執行停止がされた例を聞いたことがありません。まず、執行停止の申立てをしなければならないと考えるほうが適切です。

申立てによる執行停止は、次のすべての条件を満たす必要があります（25条4項）。

ア　処分、処分の執行又は手続の続行により生ずる重大な損害を避けるために緊急の必要があること

イ　執行停止をしても公共の福祉に重大な影響を及ぼすおそれがないこと

ウ　審査請求の本案について理由がないとみえる場合でないこと

このうち、アの「重大な損害」ですが、重大であるか否かを判断する場合、基本的には、回復が困難かどうかを考慮するものとされています。つまり、経済的な損害にとどまる場合、後の賠償によって填補可能であり、重大であると認められにくく、人の生命、身体のような回復の困難な損害については重大な損害と認められやすいということを意味しています。また、このほかに損害の性質および程度ならびに処分の内容および性質をも勘案するとしており、損害の性質や程度が社会的な常識に照らして重大なときや処分の内容が重いときにも重大な損害が認められやすいといえます（25条5項）。イの「公共の福祉」ですが、執行停止を認めると公共の利益に重大な支障をきたす場合のことをいいます。ただし、これはよほどの場合であり、あまりその例はありません。ウの「本案について理由がないとみえる」というのは、審査請求書や弁明書の記載や提出された証拠から審査請求が認容される余地がない場合をいいます。

執行停止の申立てはどう審理されるか

執行停止の申立てには、ただ単に執行停止を申し立てる旨を記載するだけではなく、重大な損害を裏づける事

実を記載してください。また、それを裏づける資料があれば一緒に提出してください。執行停止申立ての審理は原則として審査庁が行います（25条2項）。審査庁は、執行停止申立書が提出されたとき、前記の執行停止をするための要件が整っているかについて審理します。審理のうえで必要があれば、審査請求人、参加人、処分庁等の関係者に質問したり、証拠の提出を求めます。そのうえで執行停止をするかどうかについて、すみやかに決定するということになります。また、本案の審理を担当する審理員も必要があると認めるときは、執行停止をすべき旨の意見書を審査庁に提出することができます（40条）。この意見書が提出されたときは、審査庁は、すみやかに、執行停止をするかどうかを決定しなければならないとされています（25条7項）。

【岩本安昭】

05 審理員審理の流れを知ろう

1 審理員とはなにか

新法の審理制度の目的

新法では裁決の客観性、公正性を高めるために審査請求の審理を行う職員を審理員とし、裁決の決定権者である審査庁と区別して審理を主宰するものとして位置づけています。審理員が審理手続を主宰し、審査請求人またはその代理人が申立書等により処分または不作為が違法・不当であることを主張するとともに証拠を提出し、審査請求にかかる処分をした行政庁や不作為にかかる行政庁（以下「処分庁等」という）が弁明書の提出とともに証拠の提出等により、処分や不作為が違法または不当でないことを主張するということになります。さらに旧法と同様に裁決は審査庁が行いますが、新法は、裁決の客観性、公正性を高めるために一定の場合を除き、裁決をしようとする際に行政不服審査会等（地方公共団体の場合、改正行服法81条により地方公共団体に置かれる機関です）に諮問しなければならないこととされています（43条1項）。この2段階により、適正性を含め、裁決内容の妥当性を第三者的に検討し、裁決において審査庁の恣意的な判断がチェックされるしくみがとられているのです。

審理員の指名

審査請求書の形式的審査が完了すると審理員が指名され、審理員による審理手続となります。今回の改正の最大の眼目が審理員制度だといえます。旧法では、不服審査について実際に誰が審理をするのかは、法律上明示されてはいませんでした。

新法は、そこに審理員という審理手続の主宰者を置くことによってそれをある程度、明確にし、手続の公正化をはかろうとしたといえます。ただし、審議会や審査会といった特別の機関が審査庁である場合や、条例にもとづく処分に関する審査請求で条例に特別の規定がある場合には、審理員によらずに審理できます（9条1項）。

審理員は、審査庁の職員のなかから事件ごとに指名されます。この場合、審理員名簿が作成されている場合には、その名簿に登載されている者である必要があります（9条1項本文）。審査請求をした後、あらかじめどのような職員が審理員名簿に記載されているか確認しておきましょう。

審理員にどのような職員を指名するかですが、審査請求の内容、手続について適切な判断を下すことができ、口頭意見陳述の際においては、即座に手続的な判断を下す能力も必要であると考えられます。地方公共団体においては、一般に管理職級の職員が望ましいといわれていますが、外部の弁護士等を非常勤の職員に任命して審理員とする場合もあります。

審理員が指名された場合、審理員の氏名や所属する組織が審査請求人に通知されます（9条1項本文）。

審理員の役割

審理員は概略、次のような役割を負っています。

・審査請求書の受領、処分庁への送付（29条1項・2項）
・弁明書・反論書提出要求、証拠提出の促し（30条1項）
・反論書・意見書の送付（30条3項）
・総代互選命令、利害関係人への参加の求め（11条）
・争点の整理
・審理計画の策定（28条）
・口頭意見陳述の主宰（31条）
・参考人の陳述、鑑定、検証の採否の決定（34・35条）
・提出書類の閲覧、交付の可否の決定（38条）
・審理手続の併合、分離の判断（39条）
・審理手続の終結の決定（41条）
・事件記録の作成（41条3項）
・審理員意見書の作成・提出（42条）
・執行停止についての意見の提出（40条）

審理員は、まさに手続の主宰者であり、前記の職務を公平に行うことが求められていますので、審理員がこの手続をするなかで、内容が誤っている場合や公平性が疑われる場合には、積極的に指摘し是正を求めましょう。

審理員の除斥事由

公平さを担保するため、審理員の除斥事由（審理員になれない事由）が定められていますが、最も問題となるのは、原処分に関与した職員です。この「関与した者」とはどのような関与をした者が含まれるのかということです。国の行政機関の場合、審査請求の審査庁は一般に最上級行政庁であり、かつ、行政機関の職員も多いことから審理員に原処分に少しでも関係した者はあてないという運用も可能であり、実際にもそうなりそうです。

これにたいし、地方公共団体の場合、そのような運用が困難な団体も少なくないと思われますが、どの程度関与していれば除斥事由に該当することになるか、法には具体的に示されていません。除斥規定の趣旨からすれば審査請求の対象となる処分の方向づけに関与し、審査請求の審理をすることが実質的に公正さを疑わせるような関係にあれば「関与した者」ということになると思われます。

このような関与をした者の例としては、審査請求の対象となる処分等を行うための証拠の収集、事実認定をした職員、処分等にかかる内部の協議に参画した者などが該当しますが、多くの市町村では、法律的判断が必要な処分等を行う場合、その部局の法令解釈担当者、あるいは総務部門などの意見を聞く、あるいは相談するというようなことがありえます。このような法令担当者は関与した者といえるかが問題になります。この点は、個別の事件の内容に応じ、当該事件の事実関係に特化した意見を述べた法令担当者は、やはり関与したということになりますが、ただ、一般的な法解釈を述べただけでは処分に関与したとまではいえないであろうと考えられます。ただし、この場合でも、審査請求人側から手続の瑕疵《かし》を主張することができますので、問題を指摘して問いただしましょう。

また、審査請求の対象となった処分や不作為の利害関係人も審理員になれません。ここでいう利害関係とはどの程度の利害関係をいうかも問題ですが、処分によって何らかの利益を得たり、損失を被ったりする関係にあれば、利害関係があるといえるので、こういった人が審理員になっていれば、その点を指摘し排除しましょう。

2 審理員による審理はどう進むのか

弁明書と反論書はいつ提出されるのか

審理員は、審査請求書を受け取ると、まず、処分庁等に送付するとともに弁明書の提出を求めます。この弁明書の提出を求める際には、相当の期間を定めることとされており、弁明書により、審査請求にたいする行政庁の主張がなされることになります（29条）。弁明書には、審査請求の対象となった処分の内容および理由（不作為の場合には、処分をしていない理由、予定される処分の時期、内容および理由）が記載されます。

また、処分が行政手続法にもとづく聴聞や弁明の機会の付与の手続を経てされたものであるときは聴聞調書や弁明書（処分の相手方から提出されたもの）を添付することとされています（29条3項）。

この弁明書は、通常、処分庁等が処分・不作為が適法、妥当であることを主張するものであり、審査請求書にたいする反論や行政庁の主張が記載されています。弁明書は、審査請求人と参加人にかならず送付されます。審査請求人がさらに反論したいときは、反論書を、参加人が審査請求について意見を述べたいときは、意見書を提出することができます。この場合、送付の際に反論書を提出する場合、いつまでに提出するという期限がつき、その期限を記載した書面が付されているのが普通です。新法は、審理員が反論書を提出すべき相当の期間を定めたときは、その期間内に提出しなければならないと定めています（30条1項）。この相当期間は、通常2、3週間とされています。期間が短いことが多いので注意してください。

反論書が提出され、処分庁等が反論書の主張に反論したい場合、さらに再弁明書といった書類が提出される場合があり、これに審査請求人が再反論書を提出するということもあります。

反論書については、期限までに提出されない場合、審理員がさらに一定の期間を示して提出を求めても、提出されない場合には、審理を終結することができると規定されています（41条）。提出すべきものがあるのに終結されないように注意してください。

証拠書類、物件等の提出

審査請求は、口頭意見陳述がされる場合を除き、書面によって審理されます。しかしながら、審査請求書の記載だけで審査請求が認容されるというものではありません。証拠書類や証拠物がある場合は、かならず提出しておいてください。新法32条は、わざわざ「審査請求人又は参加人は、証拠書類又は証拠物を提出することができる」という規定を置いています（32条1項）。証拠書類の場合、コピーを作り、甲1号証、甲2号証といった番号をつけて提出するのが便利ですし、証拠物が移動困難等で提出できないときは写真を撮って提出する方法もあります。

証拠を提出するときは、どんな書類（書類の名称）で誰（作成者）が、いつ（作成時期）作ったものか、何を立証するためのものか（立証趣旨）を記載した証拠説明書をつけて提出するとわかりやすくなります。

処分庁等も、当該処分の理由となる事実を証する書類その他の物件を提出することができます（32条2項）。このような証拠書類その他の物件がばらばらに提出されると審理の長期化や混乱を招きます。そのため、審理員は、審査請求人や処分庁等が証拠書類、証拠物または書類その他の物件を提出すべき相当の期間を定めることができ、そのときは、その期間内に提出しなければなりません（32条3項）。

審理員による証拠収集

審理をするため、審理員にも証拠収集の権限が与えられています。まず、審理員は、審査請求人もしくは参加人の申立てによりまたは職権で、書類その他の物件の所持人にたいし、相当の期間を定めて、その物件の提出を求めることができます（33条）。また、審理員は、審査請求人もしくは参加人の申立てによりまたは職権で、適当と認める者に、参考人としてその知っている事実の陳述を求め、または鑑定を求めることができます（34条）。さらに、審理員は、審査請求人もしくは参加人の申立てによりまたは職権で、必要な場所につき、検証をすることもできます（35条1項）。この場合、審理員は、審査請求人または参加人の申立てにより検証をしようとするときは、あらかじめ、その日時および場所を当該申立てをした者に通知し、これに立ち会う機会を与えなければなりません（35条2項）。

計画審理、打ち合わせ

複雑な事件や審理すべき事項がたくさんある事件の場合、迅速公平な審理は困難です。このような事件の場合、審理員は、計画的に遂行する必要があると認める場合には、期日および場所を指定して、審理関係人を招集し、あらかじめ、これらの審理手続の申立てに関する意見の聴取を行うことができます（37条1項）。この手続により、事件の進行をスムーズに行おうというわけです。この手続はかならず出頭してしなければならないわけではなく、審理関係人が遠隔の地に居住している場合その他相当と認める場合には、審理員および審理関係人が音声の送受信により通話をすることができる方法によって、意見の聴取を行うことができます（37条2項）。この手続が終わったときは、審理員は、遅滞なく、口頭意見陳述や参考人の陳述の聴取、検証などの審理手続の期日および場所ならびに審理手続の終結の予定時期を決定し、これらを審理関係人に通知するものとされています。これによって、計画的、かつ、迅速な審理が期待できます（37条3項）。

3　審理員に直接話を聞いてもらい、処分庁に直接質問する（口頭意見陳述）

口頭意見陳述とは

審査請求は、書面審理が原則です。その例外が口頭意見陳述です。これは、審査請求人または参加人の申立てがあった場合にのみ開かれます。申立てがあったときは、審理員は、当該申立てをした者（以下「申立人」という）に口頭で審査請求にかかる事件に関する意見を述べる機会を与えなければなりません。ただし、当該申立人がその時に所在不明であるとか、外国に滞在している、出頭を拒否しているなどの事情により意見を述べる機会を与えることが困難と認められる場合には、申立てがあっても口頭意見陳述をしないことができます（31条1項）。

口頭意見陳述は、審理員が期日および場所を指定し、審査請求人、参加人、処分庁等などすべての審理関係人を招集してするものとされています（31条2項）。処分庁といっても、処分をした大臣や市長が直接出てくるわけではなく、職員ですが、口頭で言い分を述べることができる唯一の機会です。

口頭意見陳述で何を話すか

口頭意見陳述でうまく話ができないと思う人は、代理人と一緒に出頭することができますし、審理員の許可を得て、補佐人とともに出頭することもできます。口頭意見陳述では、処分や不作為が、違法または不当であるという理由やそれを根拠づける理由を陳述することになります。口頭でのやりとりなので事前に話をする内容を陳述書などの書面にまとめ、それに沿って話をするのが適切です。

処分庁等に質問できる

口頭意見陳述に際し、申立人は、審理員の許可を得て、審査請求にかかる事件に関し、処分庁等にたいして、質問を発することができます（31条5項）。この申立人の権利を質問権といいますが、申立人は、自分が納得できないことや、処分庁が考える処分の理由について問いただすことができるのです。処分庁等は、この質問についてわかるかぎり、即答する義務があると解されています。審理員の許可が必要ですが、正当な質問であれば、制限することは妥当ではありません。

このような質問権の規定により、口頭意見陳述が処分庁等の申立人にたいする回答の場所になり、質問の応酬になる場面もあるかもしれません。審理員は、このような口頭意見陳述を的確にさばく必要があります。

テレビ会議でも口頭意見陳述はできる

口頭意見陳述に出頭することが遠隔地等で困難な人でも、テレビ会議で行うことが可能です。この場合、審理員が最寄りの地方公共団体や国の機関等に場所を借りるなどして、口頭陳述手続を行うことになります。

4　処分庁が審理員に提出した書類を閲覧しよう

処分庁等が審理員に提出した書類の閲覧・交付

処分庁等は、処分や不作為が適法であり、不当でないことを主張・立証するため、弁明書だけでなく種々の証拠書類などを審理員に提出します。弁明書は、審査請求人に送られますが、その他の書類は当然には送られません。このため、不意打ちを防ぐためには、その証拠書類等を閲覧し、コピーを入手して検討し、反論書などの主張・立証に反映させることが必要です。新法では、審査請求人または参加人は、審理手続が終結するまでの間、審理員にたいし、提出書類等の閲覧または写しの交付を求めることができるとしています（38条1項）。この場合、審理員は、第三者の利益を害するおそれがあると認めるとき、その他正当な理由があるときでなければ、その閲覧または交付を拒むことができません。これは審査請求人の防御のための制度ですから開示する方向で運用される必要があります。審理員は、閲覧・交付をしようとするときは、当該閲覧・交付にかかる提出書類等の提出人の意見を聴かなければなりません。

証拠書類等の閲覧・交付は手間がかかりますので、審理員は、運用として、証拠書類の副本の提出を処分庁に命じて、これを審査請求人に送付することが望ましいといえます。ただ、すべての審理員がこのような運営をしてくれるとはかぎりませんので、あらかじめ、審査請求人等の側から審理員にたいして、このような取り扱いをしてもらいたい旨を要望しておくのがよいと思います。

閲覧交付には、所定の申請書の提出が必要ですから、審理員の所属する行政庁に問い合わせてください。

手数料の納付が必要

閲覧は無料ですが、写しの交付を受ける場合、政令（審査庁が地方公共団体に属している場合は条例）で定める額の手数料を納めなければなりません（38条4項）。具体的には、白黒コピー1枚10円、カラーコピー1枚20円と定められています（施行令2条）。また、審理員は、経済的困難その他特別の理由があると認めるときは、交付の求め1件について2000円を限度として手数料を減額し、または免除することができます。いいかえれば、経済的に困窮している人でも2000円までは支払わなければならないということになります。

―5 審査請求の審理はどの程度の期間が必要か―

標準審理期間とは

新法においては、審理の遅延を防ぎ、審査請求人の権利利益の迅速な救済をはかるとの観点から、16条に審査請求の審理に要する期間について標準処理期間を定めるように努めるとの規定を置いています。標準処理期間とは「審査請求がその事務所に到達してから当該審査請求にたいする裁決をするまでに通常要すべき標準的な期間」（19条）と定義されており、あくまでも適法な審査請求が到達してから裁決に至るまでの標準的な期間です。したがって、個別の事件において、標準審理期間が経過したからといってただちに手続が違法になるというものではありませんが、行政庁が定めて公表したものであり、審査請求人らの不信を招かないためにもできるだけ守らなければならないものだと考えられています。できるかぎり、具体的な期間を示すことが望ましいことはいうまでもないですが、個別の処分の類型に対応してたとえば「3月から6月」というように幅のある期間で定めることも可能ですし、「行政不服審査会に諮問する場合は、プラス何月」「口頭意見陳述を行う場合、プラス何月」というように手続を経るごとにきめ細かく定める場合も想定されます。審理が長引いている場合には、標準処理期間を経過していることを指摘して審理の促進をはかることも必要です。

― 6　審理員審理の終結と審理員意見書 ―

審理の終結はいつか（41条1項）

審理員は、必要な審理を終えたと認めるときは、審理手続を終結します。いつ終結するかは、審理員によって個々ですが、審査請求人や処分庁等の主張・立証が尽くされ、証拠も調べ終えて、審理員が心証を形成したと考えたときに審理が終結することになります。

この場合以外にも審理手続を終結することができる場合があります。具体的には、

ア　相当の期間内に、当該弁明書、反論書、証拠書類等が提出されず、さらに一定の期間を示して、当該物件の提出を求めたにもかかわらず、当該提出期間内に当該物件が提出されなかったとき

イ　申立人が、正当な理由なく、口頭意見陳述に出頭しないとき

の2つの場合です。この2つは、これ以上審理を進められないという場合であり、そのときの審理の状況に応じた判断をすることとなります。

審理員意見書の提出時期の通知（41条2項）

審理員が審理手続を終結したときは、すみやかに、審理関係人にたいし、審理手続を終結した旨と審理員意見書および事件記録（審査請求書、弁明書その他審査請求にかかる事件に関する書類）を審査庁に提出する予定時期を通知しなければなりません。これによって、いつごろ審理員意見書が出るかを知ることができます。その時期からおおよその裁決の時期を想定することも可能です。ただ、種々の事情によりこの予定が変更されることがありえます。この予定時期を変更したときも、同様に通知しなければなりません。

審理員意見書には何が書かれるか

審理員は、審理手続を終結したときは、遅滞なく、審理員意見書（審査庁がすべき裁決に関する意見書）を作成しなければなりません（42条1項）。「遅滞なく」というのは「ただちに」「すみやかに」といった他の法令用語と比較するとやや時間的に緩やかな不確定期限を意味します。ただ、標準審理期間との関係でいうと、それでも2週間ないしひと月といった短い期間が想定されていると考えられます。

審理員意見書の記載事項は、法律に定められていません。しかし、審理員意見書は、裁決書の原案となることが想定されているものであり、裁決書の記載事項に準じた記載がされるのが、標準的なものです。つまり、審理員としての結論と審査請求人、処分庁の主張の要旨と、それに対応する事実認定、判断の理由が記載されていなければならないということになります。

まず、審査請求の趣旨にたいする判断を記載します。判断は、認容（一部の認容もありえます）、却下（審査請求が不適法であるとき）、棄却（審査請求に理由がないとき）の3種類です。その次にその判断に至った理由、すなわち、認定した事実とそれを法令にあてはめる過程を記載することになります。

審理員意見書は開示されるか

審理員意見書が提出されても、それだけでは審査請求人に通知されません。裁決はあくまでも審査庁が行うもので、審理員意見書はまだ決定されていない拘束力のないものだからです。ただし、後で述べる行政不服審査会などの第三者機関に諮問された場合、審理員意見書がその旨の通知とともに送付されます（43条3項）。

― 7　審理員による審理でない場合も多い ―

審査請求のなかには審理員による審理がされないものも多くあります。審理員によらずに審理が行われる場合は、審査会や委員会といった合議制の機関や、労働保険審査官といった特別の官職により、審査が行われる場合がほとんどです。この場合も審査請求書の提出や弁明書の提出といった手続きは、審理員審理とおおむね同様ですが、具体的には処分書に記載された審査請求先が上記のようなものであるときは、審理員によるものではない審理が行われると理解しておいてもいいと思います。

【岩本安昭】

06 まだ、行政不服審査会がある

―1 行政不服審査会等への諮問とは―

行政不服審査会による審議の意味

審理員意見書が提出されてもそれがそのまま裁決になるわけではありません。審査請求を棄却すべき旨の審理員意見書が出ても、一定の場合には行政不服審査会またはこれに相当する第三者機関に諮問しなければならず、行政不服審査会等の答申によって結論が見直される可能性があります。諮問されるのは、審査請求を全面的に認容する場合等以外ですが、審理員審理で請求が受け入れられなくても、まだ、行政不服審査会があるというわけです。

諮問しなければならない場合とは

審査庁は、審理員意見書の提出を受けたときは、原則として、審査庁が主任の大臣または宮内庁長官もしくは外局として置かれる庁の長である場合にあっては、国の行政不服審査会に、審査庁が地方公共団体の長（地方公共団体の組合にあっては、長、管理者または理事会）である場合にあっては、地方公共団体に置かれる行政不服審査会に、それぞれ諮問しなければなりません（43条1項本文）。

諮問しなくてもいい場合は、次の各場合です（43条1項各号）。

ア　審査請求に係る処分をしようとするときに法律、政令、条例に議会や審議会等の議を経るべき旨又は経ることができる旨の定めがあり、かつ、当該議を経て当該処分がされた場合

イ　裁決をしようとするときに法律、政令、条例に議会や審議会等の議を経るべき旨又は経ることができる旨の定めがあり、かつ、当該議を経て裁決をしようとする場合

ウ　第46条第3項又は第49条第4項の規定により審議会等の議を経て裁決をしようとする場合

エ　審査請求人から、行政不服審査会等への諮問を希望しない旨の申出がされている場合（参加人から、行政不服審査会等に諮問しないことについて反対する旨の申出がされている場合を除く。）

オ　審査請求が、行政不服審査会等によって、国民の権利利益及び行政の運営に対する影響の程度その他当該事件の性質を勘案して、諮問を要しないものと認められたものである場合

カ　審査請求が不適法であり、却下する場合

キ　審査請求に係る処分（法令に基づく申請を却下し、又は棄却する処分及び事実上の行為を除く。）の全部を取り消し、又は審査請求に係る事実上の行為の全部を撤廃すべき旨を命じ、若しくは撤廃することとする場合（当該処分の全部を取り消すこと又は当該事実上の行為の全部を撤廃すべき旨を命じ、若しくは撤廃することについて反対する旨の意見書が提出されている場合及び口頭意見陳述においてその旨の意見が述べられている場合を除く。）

ク　法令に基づく申請の全部を認容すべき旨を命じ，又は認容する裁決とする場合（当該申請の全部を認容することについて反対する旨の意見書が提出されている場合及び口頭意見陳述においてその旨の意見が述べられている場合を除く。）

諮問の手続

諮問は，審査庁が行います。諮問は，審理員意見書および事件記録の写しを添えてしなければなりません（43条1項・2項）。

また，諮問をした審査庁は，審理関係人（処分庁等が審査庁である場合にあっては，審査請求人および参加人）にたいし，当該諮問をした旨を通知するとともに，審理員意見書の写しを送付しなければならないこととされています。

諮問の時期は，法律上「審査庁が審理員意見書の提出を受けたとき」と規定されているのみです。審査庁としても，審理員意見書の内容および事件記録を検討し，諮問の要否および審理員意見書の妥当性についての一定の判断をしたうえで諮問書を作成して諮問すべきものであると考えられます。このため，審理員意見書の提出を受け，審査庁の一応の検討が終了した時期が諮問時期となるものと考えられます。審理員意見書の提出から諮問までに一定の期間を要する事件もあると考えられ，早期に裁判所に提訴したいという場合は，諮問を希望しない申出をしておくことも考えてください。

―2　行政不服審査会ではどのような審議が行われるのか―

行政不服審査会とはどのような機関か

行政不服審査会には、審査庁に応じて国に置かれるものと地方公共団体に置かれるものの2種類があります。国の行政不服審査会の場合、総務省に設置され、委員は、審査会の権限に属する事項に関し公正な判断をすることができ、かつ、法律または行政に関して優れた識見を有する者のうちから、両議院の同意を得て、総務大臣が任命することとなっています（69条1項）。この「公正な判断」ができるという点が重要であり、一般の行政官庁の公務員と兼ねるというのは適切ではないと考えられます。

委員は9人であり、原則として非常勤ですが、3人以内を常勤とすることができるものと定められています。委員は、守秘義務と政治的行為の制限が課せられ、常勤の委員については兼業もできません。

国の場合、3人の合議体で事件を審議することとされています。また、専門的事項については、専門委員の選任も予定されており、事務局も独立して置かれています。

一方、地方公共団体に置かれる審査会については、執行機関の付属機関として設置されるもので、名称や委員の人数は、各自治体の条例によって定められ、ほぼすべての委員が非常勤だと考えられます。委員の選任において公正さが要求されるのは国と同じだと考えられます。合議制の機関で審議する必要はありますが、国のように3人の合議の部会を設けるというような規定は条例により任意です。

行政不服審査会ではどのような審議がされるか

行政不服審査会では、審理員による審理を経ていることから、審査会が一から審理をやりなおすことは想定されていません。むしろ、迅速に裁決するという観点からすると審理員による審理の記録に照らし、審理員意見書が妥当かについて見直しをするという手続になると考えられます。

ただし、審査会が調査審議を行う過程で、審理員による審理が不十分であったり、誤っていたりして、自ら調査しなおすという場合もあろうかと考えられます。このため、新法では、審査関係人（審査請求人、参加人、審査庁）にたいして、主張書面や資料の提出を求めるなどの調査を行う手続を規定しています（74条）。また、審査関係人が十分な主張・立証ができるよう口頭意見陳述を行う手続（75条）や主張書面、資料の提出ができるとの手続（76条）を設けています。

これらの調査審議を終えて、諮問をして審査庁に答申したときは、審査会は、答申書の写しを審査請求人および参加人に送付するとともに公表することとされています（79条）。

答申は裁決にどのように反映されるのか

審査庁は、行政不服審査会等から諮問にたいする答申を受けたとき、行政不服審査会への諮問を要しない場合にあっては審理員意見書が提出されたとき、または裁決の内容について審議会等の議を経たときは、遅滞なく、裁決をしなければなりません（44条）。

審査庁は、審理員や行政不服審査会の答申に拘束されるわけではありませんから、結論や認定事実を変更することができないわけではありません。ただし、前記のように審理員意見書や行政不服審査会の答申は、審査請求人に送られますから、審査庁が変更した場合、合理的な理由とその説明責任が生ずると考えられます。その意味では、審理員意見書と行政不服審査会の答申はたいへん重いものです。

行政不服審査は、裁判に比較して費用が安い、簡易迅速という利点があり、かつ、審査請求が認容された場合、処分庁がそれ以上争えないという利点があります。新法は運用によっては、画期的なものになると思います。

【岩本安昭】

第3部

個別分野における不服申立て

07

国税関係

✎ ポイント

1　事実関係の認定についての不服
〈主張〉
①　贈与か消費貸借か？　などの事実認定に問題があると考えるとき　↓　再調査の請求を行う。
2　法令解釈についての不服
〈主張〉
①　法令の解釈そのものまたは法令の案件へのあてはめに問題があると考えるとき　↓　直接審査請求を行う。
②　法令の条文が憲法違反であると考えるとき　↓　直接審査請求し、3か月経過後に訴訟提起する。
3　簡易迅速性を優先し、早く結論を得たいとき　↓　再調査の請求を行う。

1　国税不服申立ての構造等

ここでは、国税に関する法律にもとづく処分についての不服申立て（以下「国税不服申立て」という）の主な手続について解説します。

　国税に関する法律にもとづく処分（税務署長や国税局長等が行った更正・決定や差押え等）に不服がある納税者は、当該処分の取消しなどを求める不服申立てにつき、税務署長や国税局長等にたいする「再調査の請求」と、国税不服審判所長にたいする「審査請求」とのいずれかを選択することができます（図07-1）。

図07-1　国税不服申立ての構造

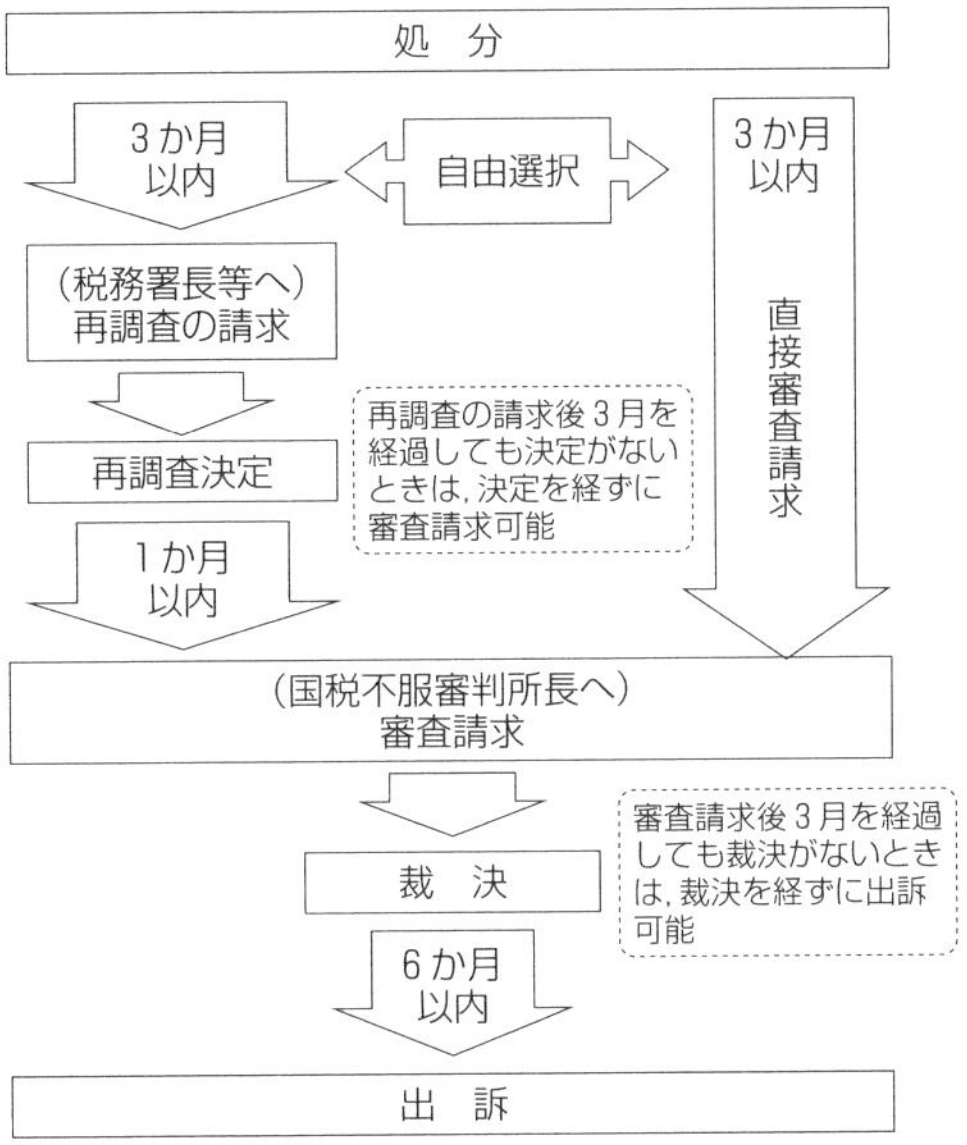

（出所）筆者作成

再調査の請求の概要

「再調査の請求」とは、税務署長や国税局長等が行った処分（これを「原処分」といい、原処分を行った税務署長等を「原処分庁」という）に不服がある場合に、原処分の取消しや変更を求めて原処分庁にたいして不服を申し立てる制度で、国税不服申立ての第1段階の手続です（税通法75条1項1号イ）。もっとも、納税者の選択により、再調査の請求を経ないで、直接次の段階である審査請求をすることもできます。

　ただし、再調査の請求を選択したときには、3か月経過または正当な理由がある場合の例外を除き、原則として、当該再調査の請求についての決定を経た後でなければ、審査請求をすることはできません（税通法75条4項）。

なお、「再調査の請求」という名前の手続ですが、処分前に受けた税務調査をやりなおすわけではなく、あくまでも事後救済手続としての不服申立ての1つですから、誤解のないようにしてください。税務調査を担当した税務職員が再調査の請求の審理を担当するということもありません。

再調査の請求の手続については、次節「2　再調査の請求の手続」を参照してください。

審査請求の概要

「審査請求」とは、再調査決定を経た処分または原処分に不服がある場合に、それらの処分の取消しや変更を求めて国税不服審判所長にたいして不服を申し立てる制度で、国税不服申立ての第2段階の手続です。

国税不服審判所とは、国税に関する法律にもとづく処分についての審査請求にたいする裁決を行う機関です（税通法78条1項）。国税庁の特別の機関（第三者的機関）である国税不服審判所には、東京（霞が関）にある本部のほか、全国の主要都市に12の支部（札幌、仙台、関東信越（さいたま）、東京、金沢、名古屋、大阪、広島、高松、福岡、熊本および沖縄）と7の支所（新潟、長野、横浜、静岡、京都、神戸および岡山）があります。

3か月経過または正当な理由がある場合等の例外を除き、原則として、審査請求についての裁決を経た後でなければ、訴訟を提起することはできません（審査請求前置主義。税通法115条1項）。審査請求についての裁決があった後の処分になお不服がある場合は、裁決があったことを知った日の翌日から6か月以内に裁判所に訴訟を提起することができます（行訴法14条1項）。ただし、審査請求をした日の翌日から3か月を経過しても裁決がない場合は、裁決を経ないで裁判所に訴訟を提起することができます（税通法115条1項1号）。

審査請求の手続については、「3　審査請求の手続」を参照してください。

再調査の請求と審査請求のいずれを選択すべきか

以上のように、国税に関する法律にもとづく処分に不服がある納税者は、再調査の請求か審査請求のいずれかの不服申立てを選択することができるわけですが、どちらを選択すればよいのでしょうか。

まず、再調査の請求で救済されうる不服申立ては、要件事実の認定の当否にかかる不服（具体的な事実関係の認識についての不服）であり、もっぱら法令解釈に関する不服は、基本的に想定されていないということに留意しておかなければなりません。

単に事実認定を再度見直すことで簡易に救済可能な場合には、原処分庁にたいする再調査の請求により適正な処分を促すことで、国税不服審判所への審査請求に比して、より簡易迅速な救済を期待することができます。実際、国税の従前の（現行の「再調査の請求」に相当する）異議申立ての平均処理期間は約2.5か月であり、審査請求の約10か月と比して圧倒的に迅速です（行政救済制度検討チームＷＧ（第５回）「各府省提出資料（財務省、総務省）」（平成23年９月７日）15頁）。

また、原処分庁にたいする再調査の請求には、申立先の近接性というメリットもあります（原処分庁である税務署は全国に524か所。審査庁である国税不服審判所は本部・12支部・７支所）。

事実関係の認定について、課税庁と揉めがちな典型的なケースとして、夫婦間または親子間で財産の贈与があったか否かが争われた事例を以下に紹介します。

相続税法上、個人から財産を無償で取得すると原則として贈与税が課されることになっていますが（相税法21条。個人が法人から財産を無償で取得した場合には、その個人の一時所得等として所得税が課される（所税法34条1項））、とくに夫婦間または親子間の金銭等の授受については、当事者にその認識がなくても、課税庁から当該金銭等の授受について贈与（当事者の一方が自己の財産を無償で相手方に与えること。民法549条）と認定され、贈与税が課されることがあります。たとえば、親から借金をしてマンションを購入したような場合、きちんと返済していないと贈与と認定されることがあります。もし、そのような課税処分をされてしまった場合には、再調査の請求をして、借用書や金銭消費貸借契約書などの証拠書類、返済がないことの合理的な理由、利息の支払い実績などを主張・立証することにより、救済される可能性があります。

いずれにしても、贈与の有無は、個別の事案ごとにその具体的事実関係に即して判断されることとなります。実際の裁判例で、課税庁の判断が覆され納税者が救済されたケースとしては、以下のようなものがあります。

・妻の株式投資は夫からの資金の贈与によったものではないと認定された事例（名古屋高判昭和34年4月22日税資29号355頁）

・夫（父親）が資金を調達してその妻および子に同人の支配する会社の株式を取得させた場合につき、実質上の株式取得者は夫であるとして、夫から妻および子への株式取得資金の贈与を否定した事例（名古屋高金沢支判昭和41年9月30日判時468号27頁）

・妻名義で登記してあった土地を夫名義に変更した場合につき、真実の所有者はもともと夫であり債権者の差押えを避けるために妻名義にしてあった、との認定のもとに贈与を否定した事例（東京地判昭和43年10月5日

行裁例集19巻10号1607頁）

一方、事実認定については争いがなく、法令解釈のみが争点となる事案については、基本的に、直接審査請求を選択するべきといえます。

このようなケースの具体例として、相続税法上の「みなし贈与」が問題となる事例があります。相続税法は、低額譲受（著しく低い価額の対価による財産の譲受）について「時価」との差額を贈与とみなし、原則として贈与税を課すこととしていますが（相税法7条本文）、実際の売買価額が「著しく低い価額」に該当するか否かについては、当該価額で売買したという事実関係に争いがなければ、もっぱら相続税法7条の解釈の問題となります。たとえば、親族間の土地売買につき、売買価額の拠所とした路線価は著しく低い価額とまではいえないとして、みなし贈与を否定した裁判例があります（東京地判平成19年8月23日判タ1264号184頁）。

また、特に法令の違憲性を争う場合などは、審査請求においても救済は期待できません。このような場合は、一旦直接審査請求をした後、3月経過後に訴訟提起すればよいでしょう。

不服申立期間

再調査の請求または審査請求をするには、原則として、次の期間内に書面（再調査の請求書または審査請求書）を提出しなければなりません（主観的申立期間。税通法77条1項本文・2項本文）。

・再調査の請求または直接審査請求する場合：　原処分の通知を受けた日の翌日から3か月以内

・再調査決定を経て審査請求する場合：　再調査決定書謄本の送達があった日の翌日から1か月以内

また、処分があった日の翌日から起算して1年を経過したときは、上記のいずれの不服申立てもすることはできません（客観的申立期間。税通法77条3項本文）。

ただし、「正当な理由」がある場合には、上記の期間のいずれかを経過していた場合でも、不服申立てをすることができます（税通法77条1項ただし書・2項ただし書・3項ただし書）。「正当な理由」の例としては、処分時の教示がなかった（誤っていた）場合のほか、災害や交通の途絶等の人為的障害に起因する場合等の事情が考えられますが、具体的には、それぞれの事案に応じて判断されることになります。

2　再調査の請求の手続

再調査の請求書の記載事項

再調査の請求は、次に掲げる事項を記載した「再調査の請求書」を提出して行わなければなりません（税通法81条1項）。

① 原処分の内容
② 原処分に係る通知を受けた年月日
③ 再調査の請求の趣旨および理由

④ 再調査の請求の年月日

また、再調査の請求書には、再調査の請求人が代理人によって再調査の請求をする場合には代理人の権限を証する書面を、再調査の請求人が総代を互選した場合には総代の権限を証する書面を、それぞれ添付しなければなりません（税通令31条の2）。

記載内容の補正

再調査の請求書が提出されると、提出先の税務署長等（以下「再調査審理庁」という）において、再調査の請求の要件を充たしているかどうかの審査（形式審査）が行われます。この形式審査によって、再調査の請求書になんらかの不備があると認められた場合には、再調査審理庁は、相当の期間を定め、その期間内に当該不備を補正することを求めなければならないこととされています（不備が軽微なものであれば再調査審理庁による職権補正も可能。税通法81条3項）。

再調査請求人が、補正期間内に補正に応じないときは、内容についての審理（実質審理）に入ることなく、決定により、その再調査の請求は却下されます。

口頭意見陳述

再調査請求人等からの申立てにより口頭意見陳述の機会が与えられ（税通法84条1項本文）、許可を得て補佐人とともに出頭することもでき（同条3項）、必要がある場合に処分庁の職員に口頭意見陳述を聴かせることができます（同条4項）。ただし、申立人の所在その他の事情により口頭意見陳述の機会を与えることが困難である場合には、口頭意見陳述が認められないこともあります（同条1項ただし書）。

口頭意見陳述は、その期日および場所が指定され、再調査の請求人および参加人が招集されて行われます（税通法84条2項）。

事件に関係のない事項など相当でない場合には、口頭意見陳述は制限されます（税通法84条5項）。

証拠書類等の提出と返還

再調査の請求人または参加人は、証拠書類または証拠物を提出することができます（提出期限が設けられることもある。税通法84条6項）。再調査審理庁は、当該書類等を、再調査決定後すみやかに返還しなければなりません（同条12項）。

再調査決定

再調査の請求の審理の結論を再調査決定といいます。再調査決定には、次の3種類があります。

①　却下　再調査の請求が法定の不服申立期間経過後にされたとき、その他形式要件を欠く不適法なものであるときには、再調査審理庁は、決定により、当該再調査の請求を却下します（税通法83条1項）。先に述べたように、補正期間内に補正しないときまたは不適法であって補正することができないことが明らかなときは、内容についての審理（実質審理）に入ることなく、決定により、その再調査の請求は却下されます（税通法81条5項）。ここで、「不適法であって補正することができないことが明らかなとき」とは、たとえば、再調

査の請求期間を徒過し、そのことについての正当な理由が認められないことが明らかな場合などをいいます。

② 棄却　再調査の請求に理由がなく、原処分が相当であると認められるときには、再調査審理庁は、決定により、当該再調査の請求を棄却します（税通法83条2項）。

③ 認容　再調査の請求について理由があるときには、再調査審理庁は、決定で、原処分の全部もしくは一部を取消し、またはこれを変更します（税通法83条3項本文）。ただし、再調査の請求人の不利益に変更されることはありません（同項ただし書）。

再調査決定は、主文および理由を記載し、再調査審理庁が記名押印した「再調査決定書」によりなされます（税通法84条7項）。再調査決定は、再調査の請求人に再調査決定書の謄本が送達されたときに、その効力を生じます（同条10項）。なお、再調査決定書は、参加人にも謄本が送付されます（同条11項）。

また、再調査決定書に記載される理由は、原処分の一部または全部を維持する場合には、その維持される処分を正当とする理由が明らかにされていなければなりません（税通法84条8項）。

さらに、再調査決定書には、原処分の全部を取消す場合を除き、国税不服審判所長にたいして審査請求をすることができる旨（却下の決定については、当該却下の決定が違法な場合にかぎり審査請求ができる旨）および審査請求期間の教示が記載されていなければなりません（税通法84条9項）。

―　3　審査請求の手続　―

審査請求書の記載事項

審査請求は、次に掲げる事項を記載した原則として正副各1通の「審査請求書」を原処分庁の管轄区域を管轄（または分掌）する国税不服審判所の支部（または支所）に提出（原処分庁を経由することも可（税通法88条。原処分庁を経由して審査請求書を提出する場合には、原処分をした税務署長等に審査請求書を提出する。同条1項ただし書））して行わなければなりません（同87条1項、税通令32条2項）。

① 審査請求に係る処分の内容
② 審査請求に係る処分があったことを知った年月日（当該処分に係る通知を受けた場合にはその通知を受けた年月日とし、再調査の請求についての決定を経た後の処分について審査請求をする場合には再調査決定書の謄本の送達を受けた年月日）
③ 審査請求の趣旨および理由※
④ 審査請求の年月日

※　審査請求人は、審査請求書に趣旨および理由を計数的に説明する資料を添付するよう努めなければなりません（税通令32条1項）。

また、審査請求書の正本には、審査請求人が代理人によって審査請求をする場合には代理人の権限を証する書面を、審査請求人が総代を互選した場合には総代の権限を証する書面を、それぞれ添付しなければなりません（税通令32条3項）。

記載内容の補正

審査請求書が提出されると、提出先の国税不服審判所において、審査請求が法令の規定に従っているかどうかの形式的な審査が行われます。この形式審査によって、審査請求書になんらかの不備があると認められた場合には、国税不服審判所は、相当の期間を定め、その期間内に当該不備を補正することを求めなければならないこととされています（不備が軽微なものであれば国税不服審判所庁による職権補正も可能。税通法91条）。

審査請求人が、補正期間内に補正に応じないときは、内容についての審理（実質審理）に入ることなく、裁決により、その審査請求は却下されます。

審理手続の計画的進行

審査請求人、参加人および原処分庁（以下「審理関係人」という）ならびに担当審判官は、簡易迅速かつ公正な審理の実現のため、審理において、相互に協力するとともに、審理手続の計画的な進行をはからなければなりません（税通法92条の2）。

答弁書の要求と担当審判官等の指定

形式審査において適法な審査請求であると認められた場合は、国税不服審判所長は、相当の期間を定めて、原処分庁にたいして、審査請求の趣旨および理由にたいする原処分庁の主張を記載した「答弁書」の提出（原則として正本1通ならびに審査請求人および参加人の人数分の副本が必要（税通令32条の3））を求めるとともに、処分の理由となった事実を証する書類その他の物件の提出を依頼します（税通法93条1項・2項）。

原処分庁から答弁書が提出されたときは、その審査請求にかかる調査および審理を行わせるため、担当審判官1名および参加審判官2名以上を指定し※（税通法94条1項）、答弁書副本を審査請求人および参加人に送付する（同93条3項）とともに、担当審判官の所属および氏名を書面で通知します（税通令33条前段）。

※　国税不服審判所長が指定する者は、次に掲げる者以外の者でなければなりません（税通法94条2項）。

①　審査請求に係る処分または当該処分に係る再調査の請求についての決定に関与した者
②　審査請求人
③　審査請求人の配偶者、4親等内の親族または同居の親族
④　審査請求人の代理人
⑤　③・④に掲げる者であった者
⑥　審査請求人の後見人、後見監督人、保佐人、保佐監督人、補助人または補助監督人
⑦　利害関係人（審査請求人以外の者であって、審査請求に係る処分または不作為に係る処分の根拠となる法令に照らし、当該処分につき利害関係を有するものと認められる者）

反論書、証拠書類等の提出

審査請求人または参加人は、送付された原処分庁の答弁書にたいして反論がある場合には、自己の主張を記載した「反論書」（参加人は「意見書」）や、自己の主張を裏づける証拠書類または証拠物を提出することができます（税通法95条1項前段・2項前段、96条1項）。また、原処分庁は、当該処分の理由となる事実を証する書類その他の物件を提出することができます（同96条2項）。これらの場合、担当審判官が反論書や証拠書類等を提出すべき相当の期間を定めたときは、その期間内に提出しなければなりません（同95条1項後段・2項後段、96条3項）。

以上により提出された証拠書類等および後記「担当審判官の質問検査権」②により提出された帳簿書類等について、国税不服審判所長は、裁決後、すみやかに提出人に返還しなければならないこととされています（税通法103条）。

口頭意見陳述

審査請求人または参加人には、申立てにより口頭意見陳述の機会が与えられ（税通法95条の2第1項）、許可を得て補佐人とともに出頭することもできます（同条3項、84条3項）。ただし、申立人の所在その他の事情により口頭意見陳述の機会を与えることが困難である場合には、口頭意見陳述が認められないこともあります（同95条の2第3項、84条1項ただし書）。

口頭意見陳述は、その期日および場所が指定され、すべての審理関係人が招集されて行われ（税通法95条の2第3項、84条2項）、その際、審査請求人または参加人は、許可を得て、原処分庁にたいして、事件に関する質問を発することができます（同95条の2第2項）。

事件に関係のない事項など相当でない場合には、口頭意見陳述は制限されます（税通法95条の2第3項、84条5項）。

担当審判官の質問検査権

担当審判官は、審理を行うため必要があるときは、審理関係人の申立てにより、または職権で、次に掲げる行為をすることができます（税通法97条1項）。

① 審査請求人もしくは原処分庁または関係人その他の参考人への質問
② ①に掲げる者の帳簿書類その他の物件につき、その所有者、所持者もしくは保管者にたいし、相当の期間を定めて、当該物件の提出の求め、またはこれらの者が提出した物件の留置き
③ ①に掲げる者の帳簿書類その他の物件の検査
④ 鑑定人に鑑定させること

閲覧・謄写請求

審理関係人は、審理手続が終結するまでの間、担当審判官にたいし、審理関係人から提出された証拠資料等または担当審判官による職権収集資料の閲覧または謄写（当該書類の写しまたは当該電磁的記録に記録された事項を記載した書面の交付）を求めることができます（税通法97条の3第1項前段）。この場合、担当審判官は、第三者の利益を害するおそれがあると認めるとき、その他正当な理由があるときでなければ、その閲覧または謄写を拒否できません（同項後段）。

なお、謄写の際は、手数料（用紙1枚10円（カラー20円））の納付が求められます（税通法97条の3第4項、税通令35条の2第3項）。ただし、経済的困難その他特別の理由があると担当審判官が認めるときは、交付の求め1件につき2000円を限度として、手数料を減額または免除されます（税通法97条の3第5項、税通令35条の2第5項）。

審理手続の計画的遂行

審理すべき事項が多数であり、または錯綜しているなど事件が複雑である場合等には、迅速かつ公正な審理を行うために、口頭意見陳述（税通法95条の2）、証拠書類等の提出（同96条）および審理のための質問検査等（同97条1項）の手続をスムーズに実施するために、事前に指定された日時に担当審判官が指定する場所に出頭して、または電話によって、審理関係人にたいして、担当審判官が意見を聴取することができることとされています（同97条の2第1項・2項）。この意見の聴取を行った場合、担当審判官は、審理手続の終結の予定時期を審理関係人に遅滞なく通知するもの（予定時期を変更したときも同様）とされています（同条3項）。

審理手続の終結

担当審判官は、必要な審理を終えたと認めるときは、審理手続を終結し（税通法97条の4第1項）、その旨を、すみやかに、審理関係人に通知するものとされています（同条3項）。

また、以下に掲げる書類等が相当の期間内に提出されないことから、担当審判官が一定の期間を示して提出を求めたにもかかわらず、これに応じなかったときは、担当審判官は審理手続を終結することができ（税通法97条の4第1項1号）、終結したときは、その旨をすみやかに審理関係人に通知します（同条3項）。

①　答弁書（税通法93条1項前段）
②　反論書（同95条1項後段）
③　参加人意見書（同条2項後段）
④　証拠書類等（同96条3項）
⑤　担当審判官の質問検査権にもとづく帳簿書類等（同97条1項2号）

さらに、請求人または参加人が正当な理由なく口頭意見陳述に出頭しないときも同様に、担当審判官は審理手続を終結することができ（税通法97条の4第2項2号）、終結したときは、その旨をすみやかに審理関係人に通知します（同条3項）。

裁決の方式等

審理手続が終結すると、合議体を構成する担当審判官と参加審判官は、合議により審査請求にたいする結論である議決を出します。国税不服審判所長は、その議決にもとづいて（審理手続を経ないでする却下裁決を除く）裁決を出します（税通法98条4項）。裁決には、次の3種類があります。

①　却下　審査請求が法定の不服申立期間経過後にされたとき、その他形式要件を欠く不適法なものであるときには、国税不服審判所長は、裁決により、当該審査請求を却下します（税通法98条1項）。

先に述べたように、補正期間内に補正しないときまたは不適法であって補正することができないことが明らかなときは、内容についての審理（実質審理）に入ることなく、裁決により、その審査は却下されます（税通法92条

1項・2項)。ここで、「不適法であって補正することができないことが明らかなとき」とは、たとえば、審査請求期間を徒過し、そのことについての正当な理由が認められないことが明らかな場合などをいいます。

② 棄却　審査請求に理由がなく、原処分が相当であると認められるときには、国税不服審判所長は、裁決により、当該審査請求を棄却します(税通法98条2項)。

③ 認容　審査請求について理由があるときには、国税不服審判所長は、裁決で、原処分の全部もしくは一部を取消し、またはこれを変更します(税通法98条3項本文)。ただし、審査請求人の不利益に変更されることはありません(同項ただし書)。

裁決は関係行政庁を拘束するので(税通法102条1項)、認容裁決の効力により、違法または不当であった原処分は当然に取消され、または変更されることが確定します。

裁決は、①主文、②事案の概要、③審理関係人の主張の要旨および④理由を記載し、国税不服審判所長が記名押印した「裁決書」によりなされます(税通法101条1項)。裁決は、審査請求人に裁決書の謄本が送達されたときに、その効力を生じます(同条3項)。なお、裁決書は、参加人にも謄本が送付されます(同条4項)。

また、裁決書に記載される理由は、原処分の一部または全部を維持する場合には、その維持される処分を正当とする理由が明らかにされていなければなりません(税通法101条2項)。

【青木丈】

08

子ども・子育て支援法関係

ポイント

1 入園不承諾通知に記載された理由の部分を精査し、その問題点を指摘して、不承諾処分の取消しを求める。
① 利用調整基準の適用に誤りがないか。適用の是正を求める。
② 利用調整基準が不当ではないか。居住地の自治体と他の自治体を比較してみるなどして、不当性をあぶりだす。不当というのであれば、適正な基準に改めたうえで、承諾すべき旨を求める。

2 保育を必要とする事由を支える証拠を豊富に提出し、審理員にわかってもらう。事例によっては、医師などの専門家の意見書も有効である。

3 早急な登園を実現するため、主張は具体的に、かつ、早め早めに行う。

1 うちの子が入園できない！

保育園への不承諾通知の送付を受け、「なぜ、入れてくれないのかしら」、「入れてくれない理由のところに利用調整の結果ですとしか書いてないけど、どういうことなの」と納得できないなら、審査請求を検討しましょう。

機械的とも思える利用調整ですが、行政の判断が間違っているかもしれない。そして、不承諾の理由が子の有する疾患にあるというような深刻な場合も、あきらめてはならず、入園の扉をこじ開けるためチャレンジする価値があるのです。

児童福祉法24条は、「市町村は、この法律（児童福祉法）及び子ども・子育て支援法の定めるところにより、保護者の労働又は疾病その他の事由により、その監護すべき乳児、幼児その他の児童について保育を必要とする場合において……当該児童を保育所……において保育しなければならない」としています。市町村には、原則的に、保育の義務があるのです。ただ、親御さんは、必ず「希望する」園で預かってもらうということまで保障されているわけではありません。

2　保育園入園の手続のあらまし

不承諾通知をもらった親御さんは、事前に保育園を見学し、自治体から入園の手引きをもらって研究をしてきたこととは思いますが、保育園入園の流れと制度を復習しましょう。図08-1は、4月入園の場合の標準的なものです。

前記フローチャート図（✎ポイント）に示した「保育を必要とする事由」が存在し、それを裏づける書類を提出すれば、支給認定がされ、利用調整の対象とされます。そして、支給認定申請は、通例、自治体の窓口で、自治体の係員と相対で相談しながら行うので、たとえば、申請時に、勤務証明書（就労）、自営を証明する書類（就労）、母子手帳（妊娠）その他の保育ができないことを証する書類が添付漏れの場合、担当者から指摘してもらっ

図08-1　保育園入園の流れと制度

入園の手続	必要書類等
前年12月ころ 住民　⇒　市区町村長 支給認定申請(注1) (子ども・子育て支援法 20条1項)	•「保育ができないことを証明する書類（勤務証明書等）」を提出(子ども・子育て支援法施行規則2条2項2号)。 •「子どものための教育・保育給付支給認定申請書兼保育所入所申込書」(自治体によって書類の名称は異なる）によって，教育・保育給付支給認定申請と利用申込みを同時に行う。
↓	
1月下旬ころ 認定・認定証の交付 保育必要量の認定(行政処分)	• 子の年齢や保育の必要の希望の有無等により1号～3号の区分で認定する。1号は幼稚園。2号・3号の区分では「保育を必要とする事由」に応じて「保育の必要量」が決定される。保育の必要量とは，フルタイムに対応した時間の保育（保育標準時間）か，パートタイムに対応した時間の保育（保育短時間）かを決めるもの（子ども·子育て支援法施行規則4条)。 • 2号・3号認定の「保育を必要とする事由」とは，①就労，②妊娠，出産，③保護者の疾病，障がい，④同居又は長期入院している親の介護·看護，⑤災害復旧，⑥求職活動，⑦就学，⑧虐待やDVのおそれ，⑨育児休業取得時にすでに保育を利用している子がいて継続利用が必要なとき，⑩その他（子ども・子育て支援法施行規則1条)。
↓	
住民　⇒　市区町村長 利用申込み	
↓	
1月下旬ころ 利用調整(注2)　⇒　承諾・不承諾(行政処分) (児童福祉法24条3項)	• 一定の調整基準（各自治体で定める）で利用調整をする(注3) 　⇒　注2のようなプロセスで，利用調整の結果，その世帯の指数が他の世帯よりも低い等の場合には優先順位が劣後し，入園が不承諾となる。
↓	
住民　⇔　保育所 利用契約	• 利用調整を経て決定した保育所と利用契約を締結する。

(注1）平成27年4月に開始した子ども・子育て支援制度の下では，認可保育所等への利用申込みにあたり，支給認定が必要です。「支給」といっても利用者に直接支給するのでなく，自治体が施設等に支払うしくみがとられています。

(注2）利用調整は，次のように行います。①保護者から提出された証明書等をもとに，利用調整基準にもとづき，世帯ごとに基本指数をつけ，ひとり親家庭などには調整指数を加算します。②コンピュータで歳児クラスごとに基本指数と調整指数の合計点が高い順に並べ，同点の場合には，所得が低い等調整基準で定めた優先度の高い順に並べます。③第1希望の園から空きがあるかどうかを確認し，空きがあれば入園内定となります。④空きがないか，上位者で希望園が埋まっている場合は，次の希望園について空きを確認します。⑤申込みをした希望園について，同様に確認をしていきます。多くの自治体で，このようなプロセスで行っているのではないでしょうか。

(注3）児童福祉法24条では，利用調整について次のように定めています。「第3項　市町村は，保育の需要に応ずるに足りる保育所，認定こども園……又は家庭的保育事業等が不足し，又は不足するおそれがある場合その他必要と認められる場合には，保育所，認定こども園（保育所であるものを含む。）又は家庭的保育事業等の利用について調整を行うとともに，認定こども園の設置者又は家庭的保育事業等を行う者に対し，前項に規定する児童の利用の要請を行うものとする」。

(出所）筆者作成

て、後日、追加提出済みのはずです。利用調整除外は、上記証明書の提出を失念したことが原因と考えられます。この場合は、審査請求をしても勝ち目はないので、証明書を提出して、利用調整の対象としてもらうほかないのです（入園希望月に対応する申込期限を遵守しましょう）。

3 不服の理由

不承諾処分の理由不備

利用申込みを拒否する処分をする場合、相手方に、同時に理由を示さなければならないとされています（行手法8条1項）。ところが、不承諾通知書の理由欄に「調整基準を適用した結果である」としか記載しない例があります。これは、調整基準が「保育園のごあんない」（各自治体作成）のような冊子に明示されていて、利用調整はその機械的適用であるにすぎないとの考えかたによるのかもしれません。しかし、調整基準をどのように適用した結果、よその世帯に負けたのか不明だというのでは（たとえば、自営業の就労時間を短く認定されたのではないか等）、不承諾処分の問題点さえ手探り状態です。少なくとも、世帯の指数の合計点と入園した児の世帯の指数の下限を示すことを要するといえましょう。別の分野の事件ですが、裁判所は、法令によって理由付記が義務づけられている場合に、理由付記を欠くときは、処分自体が違法となるとしています（最判昭和60年1月22日）。そこで、前記のような記載の場合、理由の提示の不備を審査請求の1個の理由と掲げることができます。

調整基準の内容

利用調整のありかたについては、児童福祉法は、「保育所……の利用について調整を行う」と規定し（24条3項）、この調整を「適切に実施す」べきことを規定するにとどまり（24条7項）、利用調整について市町村長に判断の幅を付与しています（これを「裁量権」といいます）。実際、各自治体で、調整基準はまちまちです。調整基準が争点となった事例として、同一世帯で同時期の認可保育所等の入所が3人目となる児童については、同一世帯で1人目または2人目の入所申請となる世帯にたいし、劣後させるという基準が適用されて入園不承諾となったため、裁判となったものがあります（那覇地判平成25年11月26日）。子ども・子育て支援法および改正児童福祉法の施行前の事件ですが、裁判所は「入所する児童を選考するに当たり、いかなる判断基準によるべきかについては、当該市町村の合理的な裁量に委ねられていると解するのが相当である」としました。

しかし、法の趣旨から考えて、保育の必要性に応じた利用調整を適切に行うことが必要であって、調整基準の設定や具体的事例への適用について、裁量権の逸脱があれば違法となるし、また、不当な処分を取消事由とする審査請求においては（行服法1条1項では、「行政庁の違法又は不当な処分その他公権力の行使に当たる行為」を是正対象とすることが規定されています）、調整基準の不当性を主張することが許されます（利用調整の基準がおよそ保育と何らの関係もないことを考慮するものであるならば、裁量の逸脱となるでしょう。そこまでひどい基準ではないが、不当という場合もありましょう）。そうするのであれば、①他の市町村の調整基準をできるだけ多く取り寄せ、本市町村の調整基準がそれらと大きく齟齬するものであることや（自治体ごとに調整基準が食い違うこと自体は問題ないのですが、多くの自治体で優先順位を高める要素を逆に劣後に扱うことは、おかしいものではなかったのかと当該市町村に再考させるべきです。先述の第3子基準ですが、多くの自治体で兄姉児が多い子だくさんの場合を、むしろ認可保育所等の入所選考にあたって有利な事情として取り扱っていることと食い違うものです。この事件で、被告市町村は、各世帯を平等に取り扱い、市のできるだけ多くの世帯に認可保育所等の利用機会を確保する目的で策定された基準だと反論しましたが、合理的といえるか疑問の残るものでした）、②当該調整基準を適用すると不合理な結果となることを具体的に主張すべきです。そして、「不当」な基準の適用による不承諾処分の取消しを求めるとともに、不当な調整基準を改正すべきことを提唱し、審理員意見書に盛り込んでもらいたいと訴えましょう。

また、自治体は債権の回収に努めているので、たとえば、保育料未納を減点事由とする調整基準で減点され、不承諾となることは、今後、増加すると考えられます。市町村の長には保育園の継続的な運営を確保するために必要な措置をとることが求められているので、保育料の滞納を排除するため、保育料を滞納したことのある者について一定の減点を行うことは、自治体の裁量の枠内といえます。しかし、減点はそれによって保育料の納付を勧奨、誘導することを趣旨とするはずなので、遠い過去の上の子の保育料の滞納履歴に着目し、今回の下の子の利用調整に際し、大きな減点を行うような調整基準があるとするならば、江戸の敵を長崎で討つというような、不合理なものとして不当とされる余地があるのです。

利用調整による指数認定等

世帯の実情を調整基準にあてはめて認定した指数に不服がある場合もありますね。

①　就労時間の長さの認定　　短時間勤務とフルタイムとで保育の必要性が異なるため、就労時間等の長短で指数に差が生じます。会社勤務等の場合、勤務証明書という客観性の高い書類で就労時間が認定されるので、争う余地は少ないかもしれません（利用申込みの際に申告した勤務先のほかに別の勤務先があったのに、申告漏れをした。

併せて申告していれば、より高い指数を得て、承諾処分となったかもしれない……という場合がありえます。でも、この点は、審査請求で主張のポイントとはならないといえます。市町村は、申込者から提出された証拠をもとに利用調整を行うのです。このような場合に、利用調整に違法または不当があったとはいえませんね）。

これにたいし、自営業の場合、就労時間の長さは、実質的に自己申告です（保護者が自営の代表者であれば、自分自身が勤務証明書を作成します）。利用申込み時に開店時間を記載して勤務証明書を提出したが、その際、開店準備や閉店後の片付け等に要する時間が抜け落ちてしまった。その後、これらの時間を含めた就労時間を記載した勤務証明書訂正届を提出したが、当初の勤務証明書で就労時間を決められたという場合、①店舗、仕入れ先市場との位置関係を示す地図、②開店前に行うべき仕込み作業を記した報告書、③閉店後の清掃作業に要する時間を記したメモ等を作成し、または準備します。審査請求も、裁判と同じく、証拠で決まります。そこで、自分の言い分をわかってもらうために必要な書類は何か等、頭が痛くなるほど知恵を絞ることが必要です。

②「ひとり親家庭」の認定　調整基準のうち、紛争が生じがちなものとして「ひとり親家庭」条項があります。「ひとり親家庭」条項とは、次のようなものです。すなわち、ひとり親家庭には父または母のいずれかが存在しないわけですが、その存在しない親の指数を0とすると、「ひとり親世帯」の児童は両親が存在する世帯の児童よりも類型的に市町村による保育の必要性が高いにもかかわらず、その児童に劣後することになって、きわめて不合理な結果となります。そこで、通例、自治体の調整基準では、「ひとり親世帯」について、存在する父または母の優先指数に、本件基準表の基本指数の最高点を配点して、「ひとり親家庭」の児童が不当に取り扱われることがないよう配慮をしています。

「ひとり親家庭」とは、実際の調整基準表では「離婚（事実上の離婚を含む）・死亡・行方不明・拘禁・未婚」なども定義されている例が多いと思われます。このような趣旨からすると、いわゆる「内縁」は法律婚ではないけれども、ここでいうところの、「ひとり親家庭」には該当しません。婚姻はしていないが、父母が児を協力して保育しているからです（東京地判平成19年11月9日は、「ひとり親家庭」の趣旨から、内縁は「未婚」に含まれないと判断しました）。

夫婦が別居している場合に、「事実上の離婚」に該当するかどうかが問題となります。ひとり親家庭条項の趣旨が前記のようなものであって、死亡・行方不明・拘禁と並列に規定されるところからすると、別居中というのみでは、事実上の離婚でないと認定される危険があります。もし、ひとり親家庭の認定がされないために指数が低く、他の世帯に劣後したという場合において、この点を問題としたいというのであれば、離婚届を提出していないものの、①別居が長期間にわたり、もはや修復の見込みがないとか、②離婚調停または離婚訴訟の係属中である、あるいは、③世帯を出た一方の親が別の者と同棲している、④これまで入ってきていた生活費の送金が途絶した等、もはや、この世帯において、子の面倒をみることを期待することができないという事実関係を主張し、立証することが必要です。たとえば、これらの事実を記載した報告書、自宅に届いた夫の荷物を別の住所に送付する手続をした際の荷送り状、離婚調停の呼出状、送金関係を示す通帳の写し等、母（父）1人子1人で保育していることを証明する書類の作成、確保に努めることが必要です（逆にいうと、利用申請の段階で、本文に記載したような書類を提出しておくべきです）。

③　保育園を利用中の上の子が下の子の育児休業期間に引き続き保育園を利用することの可否　　育児休業期間は、家庭において保育ができるという建前ですが、育児休業の対象児童以外の児童（上の子）が、すでに保育園利用中の場合には、引き続き保育園を利用することが許される場合があります（このような事例に関する裁判例

として、さいたま地決平成27年9月29日があります。行政の基準としては、「在園児の家庭における保育環境等を考慮し、引き続き保育所等を利用することが必要と認められる場合」に上の子について利用継続を認めるという、抽象的なかたちで規定されることがあります）。育児休業を取得した父または母が体調不良等で下の子の保育で手いっぱいだということや、次年度に小学校への就学を控える年長児を保育園から引きはがすことがその子の発達に与える影響を考慮する必要があるからです。実際上、育休中の保育園の利用継続の申込み→利用解除決定→これを不服として、審査請求をするというフローが生じます。①育休を取得した者の診断書、②育休対象児の発達の状況が育休を取得しているお母さんに強い心理的不安を及ぼしていることを示すために有益であれば母子手帳やお母さんの報告書、③卒園を控え保育園を離れるとすれば残念であると述べていることを記載した報告書等を準備することが適切です。

子が一定の身体的障がい等を有することを理由とした不承諾処分

子が一定の身体的障がい等を有することを理由として希望する保育所への入所の不承諾を受けた場合について、そのような親御さんを強く勇気づけた裁判例を紹介します。これは、気管切開手術を受けてカニューレを装着している児童につき、市にたいし、保育園への入園を承諾することを義務づけた裁判です（東京地判平成18年10月25日）。裁判所は、児童福祉法の目的規定等をふまえ、「同法24条1項に基づいて、児童の保育に欠けるところのある保護者から申込みがあったときは、市町村は、当該児童を保育所において保育する際に、当該児童が心身ともに健やかに育成する上で真にふさわしい保育を行う責務を負うものというべきであり、このことは、当該児童が障害を有する場合であっても変わりはない。そして、真にふさわしい保育を行ううえでは、障害者であるからといって一律に保育所における保育を認めないことは許されず、障害の程度を考慮し、当該児童が、保育所に通う障害のない児童と身体的、精神的状態及び発達の点で同視することができ、保育所での保育が可能な場合には、保育所での保育を実施すべきである」としました（判決文は、児童福祉法改正前の制度を前提としたものですが、基本的な考えかたは変わりありません）。この事案では、原告は、健常児との統合保育が児にとっての発達にきわめて有効かつ必要であるとする医師の診療情報提供書を書証として提出しました（「現在は身体的には呼吸の問題を除き急速な伸びが見られ知的にも順調に発達しておられます。よって健常児との統合保育が児にとっての発達に極めて有効かつ必要だと考えます。一方気管からの分泌物、唾液の気管への流入、誤嚥《ごえん》の可能性などがあり気管内吸引などの医療的ケアが必要な状況です。気管内吸引は適切な指導を受けた職員が決められた手順で行えば安全に行える手技であります。また気管カニューレが抜けた場合も……これも手技を習得すれば安全に行うことができます。当院では職員の方へのご指導もお引き受けいたしますし、急変時の対応あるいはご相談にも随時応じていける体制をとる予定ですのでご配慮のほどよろしくお願いいたします」という記載がされたものでした）。裁判所も行政官も、医師の医学的見解等、専門家の見解を尊重する傾向にあるので、医師の協力を得ることが重要です。

─ 4　求める裁決について ─

最後に、「審査請求で何を求めるのか」、「どのように求めるのか」について検討しましょう。

不承諾処分の取消しおよび承諾処分の求め

4月の入園に向けて利用申込みをしたところ、1月下旬ころに不承諾通知を受けた親は、「保育所入所不承諾処分（平成○年○月○日付）を取り消すとの裁決を求める」として審査請求をすることが考えられます。年度替わりの4月から勤めに出るとすれば、3月末までに入園を確保すべく、不承諾通知を受信した直後に審査請求をし、不承諾処分の迅速な取消しを求めないといけません（審査庁に裁決を焦ってもらうため、審査請求書に、4月から児を保育園に預けて働きに出ないと家計が回らず、たいへんなことになるということを強調して、迅速な裁決を促しましょう）。制度上、審査庁は、不承諾処分が違法または不当であって、承諾をすべきと認めるときは、承諾の処分をするよう命じ、または承諾処分をすることとされているので（行服法46条2項）、不承諾処分の取消しを求めておけば、承諾処分まで得られるとも考えられますが、審査請求書に親として求める解決を端的に記載するのが適当です。

そうとすると、審査請求の趣旨（行服法19条2項4号）としては、

1　処分庁が平成○年○月○日付で審査請求人に対してした保育所入所不承諾処分を取り消す。

2　処分庁は、審査請求人に対し、保育所入所を承諾せよ、との裁決を求める。

などとすることが適切です。

審査請求をする宛先（これを「審査庁」といいます）は、市（区）町村長です（行服法4条1号、4号。なお、福祉事務所長が利用調整をしている自治体においては、福祉事務所長を経由して審査請求をすることができます。行服法21条1項）。

そして、迅速な裁決を求めるためには、審査請求人としても前記の解決を求める理由（言い分）を具体的に記

載し（行服法19条2項4号の「審査請求の……理由」）、その言い分を支える証拠を審査請求書に添付して提出し（行服法32条1項）、実質的な審理をする審理員に理解させることが大事です。

執行停止

先述の利用解除決定（保育園の利用の打ち切り）は、親が審査請求をしても、当方の言い分を認める裁決（取消裁決）が出るまでは、効力に影響がないという建前がとられています（執行不停止原則。行服法25条1項）。そこで、上の子の登園の継続を得るための手段として、執行停止の申立てをします（行服法25条2項～）。

審査庁は、必要があると認める場合には、執行停止をすることが「できる」とされ（行服法25条2項。これを「裁量的執行停止」といいます）、執行停止がされると、利用解除決定の効力が停止され（⇒利用契約が復活）、登園を継続できます。執行停止を審査庁の裁量に求めるのではこころもとないので、義務的執行停止を勝ち取るためには、利用解除決定「により生ずる重大な損害を避けるために緊急の必要があると認める」（行服法25条4項）事実を十分に説明することが必要です。裁判例では、「幼児期は、人格の基礎を形成する時期であるから、児童にとって、幼児期にどのような環境の下でどのような生活を送るかは、こうした人格形成にとって重要な意味を有するものである。そして、児童は、保育所等で保育を受けることによって、集団生活のルール等を学ぶとともに、保育士や他の児童等と人間関係を結ぶこととなるのであって、これによって、児童の人格形成に重大な影響があることは明らかである。そうすると、一旦、本件保育所で保育を受け始めたAが、本件保育所で継続的に保育を受ける機会を喪失することによる損害は、A、ひいては親権者である申立人にとって看過し得ないものとみる余地が十分にある。加えて、後記認定のとおり、Aの家庭における保育環境が厳しい状況にあることに照らせば、Aが本件保育所において保育を受けられないのは、A及び申立人双方にとって酷な事態ということもできる。そして、Aや申立人のこれらの損害は、事後的な金銭賠償等によって填補されるものではあり得ない。以上によれば、申立人にとって、本件各決定により生ずる重大な損害を避けるため緊急の必要があるというべきである」とするものがあります。この点に着目すると、親御さんとしては、利用継続できない上の子の保育園における生活や行事参加等に関する資料（集合写真、子が園で製作した作品等）を提出して、保育園がすでに上の子の生活に密着していることを審査庁に理解してもらうようにします。

審査庁における実質的な審理を担当する審理員は、必要があると認める場合には、審査庁に対し、執行停止をすべき旨の意見書を提出することができるとされています（行服法40条。審理員は、審査庁における実質的な判断の担い手ではありますが、執行停止は処分の効力そのものに直接かかわるものですから、その判断権は審査庁に与えています）。そして、審理員は、利用解除決定という処分に関与していない職員のなかから指名されるので（行服法9条1項）、保育園の児童の生活に占める重要性や登園できないことが児童の心理に及ぼす弊害を理解していない可能性があります。審理員の理解を深め、意見書の提出を促すため、前記のような資料を、できれば、クラスの父兄の協力も得て、至急、豊富にそろえ、審理員に提出するようにしたいものです。

執行停止の申立ては、次のようなかたちで行います。

1　処分庁（○○市町村長）が、審査請求人の子であるAにつき、平成○年○月○日付でした保育の利用継続不可決定は、審査請求に対する裁決の時までその効力を停止する。

2　○○福祉事務所長が、申立人の子であるAにつき、平成○年○月○日付でした保育の利用解除処分は、審査請求に対する裁決の時までその効力を停止する。

登園打切りとなって家庭内保育が既成事実とならないよう、ただちに、手続をとることが必要です。

【太田雅幸】

09

生活保護関係

ポイント

1　生活保護申請却下決定にたいする審査請求

〈主張〉

①　通知文書に付記されている理由の認定の誤りを指摘して、取消しを求める。

・日本国民、または永住者または定住者である。

・生活に困窮しており、生活保護基準以下の資産、収入しかない。

・能力、資産の活用に欠けるところはない。

（例）病気、育児、介護等で働けない、資産がない、収入認定が不当である。

2　生活保護開始決定にたいする審査請求

〈主張〉

①　審査請求人は障がい者等であり、加算の要件に該当する　↓　加算の要件に該当することを具体的にあげ、障がい者や介護施設入所者等であること、子どもを養育していること等を指摘する。

②　就職活動のために移動したが、旅費が支給されなかった　↓　旅行先、目的、相手先の証明書等を具体的に提示する。

3　停廃止処分にたいする審査請求

〈主張〉

① 指導、指示が不当であることを具体的に主張する ↓ 無理なこと、できないことを要求していること、法令や厚労省の通知に違反していることを要求していること。
② 指導指示にたいする違反の程度が軽微で停廃止することが行き過ぎ（裁量の逸脱・濫用）になることを具体的に主張する。

4 返還命令にたいする審査請求
〈主張〉
① 資力の発生による審査請求 ↓ 資力の発生原因が、収入認定されるべきものでないことを主張する。
② 返還命令の原因である不正受給等の事実がないことを主張する ↓ 収入を隠していないこと、認定されるべき収入でないことなどを具体的に主張する。

1 生活保護制度とは

生活保護制度の理念

生活保護制度の目的は、憲法25条で保障されている健康で文化的な最低限度の生活の保障と、生活に困窮している人の自立の助長です（1条）。生活保護は、年金や健康保険のような保険料の支払いを条件としない最後のセーフティネットといわれる社会保障であり、一定の条件のあてはまる生活に困窮するすべての国民が受けることができる点に特徴があります。生活に困窮したときに生活保護を受けることができることは、すべての国民の権利なのです。

生活保護法は、昭和25年に制定されました。高度成長期には生活保護を受けている方は減少傾向にありましたが、高齢化と格差社会の拡大を原因として、生活保護を受けている方は、平成7年の88万2229人を底として、平成28年2月の被保護者調査で216万1307人と2倍以上に増加しています。平成20年のリーマンショック以降の増加は顕著で、高齢者世帯がとくに著しい増加を示しています。

以下では、複雑な生活保護制度のしくみ、考えかたのあらましを説明し、審査請求のポイントを説明します。

生活保護の要件

生活保護を受給するために必要な条件は、次のとおりです。

① 日本国民（2条）または一定の範囲の外国人であること　日本国民であれば、無差別平等に生活保護を受けることができます。

外国人にたいする生活保護の実施は昭和29年5月の厚生省社会局長の通知により、行政措置として行われています。保護の内容は一般国民に準じる内容ですが、生活保護を受給できる外国人は次の方に限定されています。

ア　難民認定を受けているもの（入管法61条の2第1項）

イ　永住者、日本人の配偶者等、永住者の配偶者等、定住者

ウ　特別永住者（日本国との平和条約にもとづき日本の国籍を離脱した者等の出入国管理に関する特例法）

これらの方以外の外国人にたいしては、生活保護は人道上の措置といわれる特別の場合を除いて行われません。

② 申請権者から申請がなされていること　生活保護は、緊急の場合等に職権でされる場合もありますが、

生活保護法は申請主義を原則としており、受給を希望する本人、扶養義務者またはその他の同居の親族が申請をすることができます（7条）。申請がなされると保護を実施すべき福祉事務所等は応答する義務が発生します。それ以外の手続の問題については、後で述べます。

③　保護を要する状態であること（要保護状態要件）　保護を要する状態とは、収入・預金等の手持ちのお金によっては生活保護基準以上の生活を営むことができないため、生活保護法による保護を必要とする状態です。これを要保護状態といいます（6条2項）。要保護状態にあるか否かは、生活保護基準にもとづき、原則として世帯単位で判定されます。生計の単位である世帯の認定収入と算定される生活保護基準額との比較によって要保護か否かを判断することになります（8条1項）。

要保護状態であるかどうかは計算による判断ですが、むしろ難しいのは、世帯の認定です。同一世帯であるか否かは、同一の場所に居住しているか（同一居住）と、基本となる生活費を共通にしているか（同一生計）により判断されます。

同一の場所に居住してはいないが、同一世帯として判断される場合として、

ア　出稼ぎ、行商等の就労のために他の土地に寄宿している

イ　子が義務教育のために他の土地に寄宿している

ウ　病院、施設に入院、入所している

など、生計の密接関連性が認められる場合である必要があります。

次に同一生計であるか否かは、本人、同居人相互の関係、同居期間の長短、同居の理由などにより、同一世帯であるか否かを判断していくことになります。たとえば、同居人の１人に資産があるとしても、扶養義務のある関係ではなく、１か月以内の短期の寄宿人であるという場合には、原則として、同一世帯とは判断できません。

個人を単位として保護することがやむをえない事情がある場合には、世帯を単位とするのではなく、個人を単位として保護の要否および程度を定めることができます。これを世帯分離といいます。具体的には、厚生省の通知（昭和38年社発第２４６号厚生省社会局長通知「生活保護法による保護の実施要領について」）に述べられていますが、施設入所者と他の世帯員がいる場合に、施設入所者のみを保護する場合などがこれにあたります。

保護の基準

生活保護の要否は、生活保護基準によって算定される額とその世帯の収入額によって判定されると書きました。ここでは、前者の生活保護基準について述べます。生活保護は、厚生労働大臣の定める基準により測定した要保護者の需要を基とし、そのうち、その者の金銭または物品で満たすことのできない不足分を補う限度において行われます（８条１項）。

この需要の額（基準需要額といいます）を上回る金銭、物品を有する場合、自己負担すべき医療費、介護費用を支払うことができない場合以外保護の要件を満たさないことになります。保護基準は、要保護者の年齢別、性別、世帯構成別、所在地域別その他保護の種類に応じて必要な事情を考慮した最小限のものとされています（８条２項）。要否の判定に用いる保護基準額の算定要素は、生活扶助基準（生活扶助１類・２類、冬季加算、施設基準生活費、各種加算、入院患者日用品費、介護施設入所者基本生活費、生活移送費、入院患者の紙おむつ代等）、教育扶助基準（基準額、教材費、学校給食費、交通費、学級費等)、住宅扶助基準(家賃等)、医療扶助基準(診療費、薬剤費、移送費等)、介護扶助基準(介護費等。ただし、住宅改修費は除かれています)、出産扶助基準および葬祭扶助基準です。

一般的な保護基準の算定方法は、次のようになります。

i 世帯員各自の年齢に応じて個人ごとの生活扶助1類の額を算出し、合算し、世帯員数に応じた逓減《ていげん》率をかける。

ii 世帯員数に応じて生活扶助2類および冬季の場合には冬季加算を計算する。

iii 入院患者、入所者、おむつ利用者がいれば、入院患者日用品費、施設基準生活費、おむつ代等を計算する。

iv 各種加算を計算する。

v 家賃実費(共益費を除く。限度額あり)を住宅扶助として計上する。

vi 義務教育を受けている児童に教育扶助を計算する。

vii 以上を合算する。

収入の認定

要否の判定に用いられる収入額は、認定対象となる収入について一定の控除がされた後の金額と手持ち金との合計額になります。

認定対象となる収入からは、

ア　出産祝い、香典など社会通念上収入認定することが適当でない収入、
イ　法令による貸付金、自立更正目的の恵与金、死亡保険金、動産・不動産の売却代金（福祉事務所の指示による売却の場合に限られます）など、自立更正のためにあてられることが性質、目的から容認される収入（自立更生にあてられる限度）
ウ　敬老祝い金等、生活保護に上乗せ、または収入認定されない趣旨で給付される手当

が認定外収入として除かれます。

また、収入を得るのに必要な経費は控除されます。たとえば、勤労収入の必要経費としては、社会保険料、所得税、通勤費、労働組合費などの実費が控除されます。少額不安定な勤労収入、臨時収入については、世帯合算額8000円が控除されます。

能力・資産の活用がなされていること（資産活用要件）も生活保護の要件です。

ア　法4条1項

「保護は、生活に困窮する者がその利用しうる能力その他あらゆるものをその最低限度の生活の維持のために活用することを要件として行われる」と定めています。これが能力・資産活用要件といわれるもので、生活保護を申請する際に資産の処分を求められたり、真摯な就職活動をすることが求められるのは、この要件のためです。

イ　真摯な求職活動

ここでいう能力というのは、職業について稼働する能力のことであるということになります。厚労省の基準では、真摯な就職活動をしていると認められないかぎり、保護が却下されることを明記しています。また、平成25年5月からは、自立支援活動確認書の提出や求職活動状況報告書の提出を徹底させる旨の通知が出されています。また、平成27年4月からは被保護者就労援助事業というような事業も開始され、その指導に従わない場合には、保護が受けられないというケースが生じています。ただ、裁判の場面では、このような就職指導に無条件で従うことまでは要求されていません。たとえば、新宿ホームレス訴訟東京地裁判決（東京地判平成23年11月8日）では、抽象的な稼働能力というのではなく、具体的な環境の下においてその者の求職活動がその態様においてまじめさ、真剣さに欠け、ひたむきな努力をともなわないなどの場合であっても、……当該生活困窮者が申請時において真に稼働能力を活用する意思を有しているかぎり、稼働能力活用要件を充足していると述べています。

ウ　資産の活用

申請者が保護基準月額を上回る換金可能な資産を有している場合。急迫した事情がないかぎり、保護が開始されないということになります。しかし、生活は継続していくものですから、換金させるのに適当でない資産もあります。保護開始時に現金・預金や居住用不動産、自動車などを持っている場合、処分せずに保護を受けることができるかが問題となることがあります。

エ　預金等

預貯金、現金については、申請時にその世帯の1か月の保護基準額の半分までは保有が容認されます。これを超えると保護が開始されなかったり、減額されるということになります。しかし、申請から保護開始までに14日の期間が法定されており、まったく手持ち資金がなくなるまで申請しないというのは生活を危うくさせる可能性があります。手持ち資金がなくなる前に申請しましょう。

オ　不動産

居住している不動産の場合には、原則として保有が認められます。ただ、居住によって得られる利益に比べて処分価値が著しく大きい場合は処分を指導される場合があります。また、ローン付きの場合には、保護による資金をローン返済に回すこととなるとして、原則として保有を認められません。さらに社会福祉協議会の要保護世帯向け長期生活援助資金（いわゆるリバースモーゲージ）の対象者についても、リバースモゲージの利用を指導され保護は原則として却下されます。

カ　自動車

自動車についても原則として保有を認められません。例外として自動車がなければ生活できない場合、自立助長に役立つ場合等に例外的に保有が認められるのみです。

キ　年金担保貸付

過去に年金担保貸付を受けつつ、生活保護の適用を受けていた者が、再度年金担保による借り入れをし、保護を申請する場合には、資産活用要件を満たさないものとして、急迫上級にあるか、やむをえない事情がないかぎり、保護を適用しないという処理基準があります。この記載からは、保護が適用されないのは、再度の貸し付けを受けてからということになりますが、この記載について、最初の保護申請でも保護は認められないという担当者もいることが報告されています。

2　生活保護を受けるための手続

相談、申請の援助

生活保護は、相談→申請→調査→保護開始→給付という順序で手続が進行していきます。まずは、福祉事務所に相談です。ただし、すぐに申請までいくとはかぎりません。保護の受給を抑制するために窓口規制といわれて、申請書を渡さないとか、申請の方法について十分説明しないという運用もみられるといわれています。

生活保護法施行規則1条2項には、「申請者が申請する意思を表明しているときは、当該申請が速やかに行われるよう必要な援助を行わなければならない」と規定されています。

申請と行政調査

①　申請　職権保護がされるような場合を除いて、生活保護の手続は申請に始まります。申請には一定の様式の申請書を提出する必要があります。福祉事務所によっては、申請を却下することが予想される場合には、申請書をなかなか渡さないといった事例もあることに注意してください。申請書の記載事項は、要保護者の氏名、住所（居所）、保護を受けようとする理由、要保護者の資産・収入の状況、要保護者の性別、生年月日、その他必要な事項です（施行規則1条3項）。

②　調査　保護申請がされると保護実施の要件の調査が行われます（24条2項、28条）。通常、預金通帳、光熱費等の領収書、健康保険証・介護保険証類、自宅不動産の権利証、給与明細、年金、手当証書、賃貸借契約書、

家賃の領収書、外国人の場合は外国人登録証などです。

次に扶養義務者の調査がされます。扶養は生活保護に優先するため、扶養義務者による扶養の可否を調査しなければなりません。通常は、福祉事務所が扶養義務者に照会することで行われます。扶養義務者が回答しないときは、法29条により官公署等に照会することも可能です。

開始申請時は、ケースワーカーが家庭訪問を行い、聴き取りによる生活状況の調査（初回訪問時調査）を行います。初回訪問時調査は、申請から1週間以内に行うことが求められています。

加えて、健康状態や稼働能力等の調査のために検診命令がされることがあります。

また、預金している銀行等の金融機関や生命保険会社にたいし、資産調査として預貯金や保険の付保状況について調査が行われます。

保護の開始

調査が終了し、保護開始要件を満たしていることが認められると、保護が開始されます。保護が開始されると、被保護者は、次の義務を負うことが規定されています（60条、63条）。

① 生活上の義務（能力に応じて勤労に励むこと、健康の保持、増進に努めること、生計の状況を把握する義務などの生活上の義務）
② 届出の義務
③ 指示等に従う義務

④ 費用返還義務

3 給付の内容

金銭給付（31条、32条、33条）

生活扶助、住宅扶助、教育扶助は金銭で給付されます。生活扶助は、衣食、光熱費等の基本的な生活費および移送費であり、1類と2類に分かれ、1類は個人単位の消費に対応するもので、2類は光熱費等世帯単位の支出に対応するものです。地域によっても額が変化します。また、母子加算、障がい者加算、児童養育加算等の加算制度や、一時扶助といって臨時的な支出に対応するものもあります。

住宅扶助は、家賃、敷金、更新料等ですが、それぞれ、実額でも上限があります。教育扶助は義務教育の教育費が対象です。

現物給付

医療扶助、介護扶助は原則として現物で給付され（34条、34条の2）、医療券、介護券が発行されます。医療扶助は生活保護の指定医療機関で受診することとなります。

― 4　審査請求の手続とポイント ―

生活保護の処分にたいする審査請求

福祉事務所長のした生活保護の決定および実施に関する処分にたいして不服があるときは、都道府県知事に審査請求をすることができます（64条）。審査請求ができる対象は、申請の却下、保護の開始・変更、停止、廃止の各処分、費用返還の決定、就労自立給付金の支給に関する処分です。文書による生活上の指示も訴訟では行政処分であることが認められた判例がありますが、審査請求の段階では処分性は認められていません。したがって、審査請求の対象とならず、しても却下されますが、後述のとおり、訴訟をするためには審査請求を先にしなければならないことが定められていますから、この指示を争おうとすると審査請求を経由する必要があります。審査請求先は、都道府県知事（市町村が委託した福祉事務所長がした費用徴収決定処分については市町村長）になります。

生活保護本体の支給に関する処分については、都道府県の設置する福祉事務所長の処分の場合には、行服法4条4号の処分庁等の最上級行政庁としての都道府県知事が審査庁となり、市町村等の設置する福祉事務所の場合には、生活保護法64条が、行服法4条の特別の規定にあたるため、都道府県知事が審査庁となります。

審査請求は、処分をした福祉事務所を経由してすることができます。ですから、生活保護に関する処分に不服がある場合には、審査請求期間内に審査請求書を処分庁である福祉事務所に出してください。

審査請求期間は、行服法18条1項により処分があったことを知った日の翌日から起算して3か月間または処分があった日の翌日から起算して1年間のいずれか早いほうの日までです。ただし、正当な理由がある場合、遅れても、審査請求をすることができます。

審査請求書の記載事項

審査請求書の記載事項は、次のとおりです（行服法19条2項）。

① 審査請求人の氏名及び住所又は居所
② 審査請求に係る処分の内容
③ 審査請求に係る処分があったことを知った年月日
④ 審査請求の趣旨及び理由
⑤ 処分庁の教示の有無及びその内容
⑥ 審査請求の年月日

このうち、書きかたで苦労されるのは、②と④だと思います。前記のとおり、審査請求ができるのは、保護申請の却下、保護の開始・変更、停止、廃止の各処分、費用返還の決定、就労自立支援金の支給に関する処分ですから、類型別にどのような書きかたが考えられるかを説明しましょう。

保護申請の却下処分にたいする審査請求

最も多いのが申請却下処分にたいする審査請求です。保護の申請にたいしては、前記のとおり調査が行われますが、調査が済むと、福祉事務所は申請から21日以内に保護を開始するか否かを決定し、開始する場合には、保護の種類、程度および方法を決定します。保護を開始しない場合、申請を却下する決定をすることになります。これが申請却下処分です。

つまり、生活保護の申請をすると、申請日から2週間以内に保護開始か、申請却下かが決まります。審査が長引いて2週間に間に合わない場合でも30日以内に決定することになっています。通知は書面にて行われますので、福祉事務所等から通知が届きます。通知の結果に納得できない場合、または30日を経過しても通知が来ない場合には、審査請求を行うことができます。

却下の理由は、保護の開始要件で述べた要件の裏返しです。次の3種類に大別されます。

① 日本国民または一定の範囲の外国人に該当しないこと

② 保護を要する状態にないこと（手持ち金、収入があること）

③ 稼働能力・資産の活用がなされていないこと（仕事がある、または、容易に探すことができる。その他の収入、資産があること、親族から扶養を受けられること、再度の年金担保貸付を受けていること）

少し前に訴訟で争われたケースに、所持金852円でも保護開始が認められなかったケースがありました。この男性は、病気で身がしびれ、当時派遣社員として勤務していた工場を解雇され、住んでいた寮からも出ていかざるをえなくなり、知人がいる市に転居し、人材派遣会社に登録しました。しかし、体のしびれの病状を人材派遣会社に打ち明けると、仕事探しが難航。面接で次々に断られ、門前払いの日々が続きました。同市には親族もおらず、生活保護以外に経済的困窮から脱する方法がなくなりました。そして生活保護窓口に向かうことになりました。そのとき、彼が所持していた金額は、わずか852円だったというケースです。市の担当者は「人材派遣会社に登録しており、働こうとする意思がある。仕事をえり好みしているのではないか」などと指摘したうえで、「真に困窮している状況ではない」として申請を却下しました。「本当にお金がなくて困っているのに、なぜ却下されるのか。納得できない……」と思い、県知事に審査請求をしたが棄却。ついに法廷で市と争うことを決断し、地裁に提訴し、地裁は、彼が生活保護を申請したときの状況について「能力を活用する場があったと認めることは困難」とし、「市は（男性の）就職活動の状況について十分な調査をしていない」として「男性は申請当時、生活保護開始の要件を満たしていた」と判示し、市に処分の取消しと保護の開始を義務づけました。このケースでは、審査請求では救済されませんでしたが、新しい行服法では審理員による審理と第三者委員会による審査でこのようなケースがなくなることが期待されています。

送付されてくる却下決定書には、理由が付されていますから、まず、その理由を丹念に読み、その理由が正しいのかどうか、よく考えてください。それで不服だという場合、審査請求の趣旨としては、例ですが、

1　平成××年×月×日付で○○福祉事務所長が審査請求人に対して行った保護申請却下処分を取り消す。
2　○○福祉事務所長は、審査請求に対し保護を開始する決定をせよ。

と記載します。

次に、審査請求の理由としては、申請が却下された理由にたいする反論を具体的に記載してください。たとえ

ば、容易に仕事を探すことができるという却下理由に関しては、病気や育児、介護などにより仕事に就くことができない理由を具体的に記載してください。

審査請求は福祉事務所を通して行うこともできますが、福祉事務所に審査請求を受け取り拒否される申請者が続出しているので、自分で書式を用意して提出する場合も多いようです。

保護開始決定にたいする審査請求

保護を開始する決定にたいして審査請求がされることがあります。保護の開始決定においては、保護の種類、程度、方法も決定されますが、決定された保護の種類、程度、方法に不服がある場合には、都道府県知事に審査請求をすることになります。

とくに、各種加算（障がい者加算、妊産婦加算、児童養育加算など）、一時扶助費（就労活動促進費等）などの支給がされない、というケースがあります。このようなケースでも、福祉事務所の担当者や担当ケースワーカーと話し合っても解決しない場合、審査請求の必要があります。

この場合、審査請求の趣旨としては、変更申請で加算を申請するときは、

1　平成××年×月×日付で○○福祉事務所長が審査請求人に対して行った生活保護費に関する△△加算申請却下処分を取り消す。

2　○○福祉事務所長は、審査請求人に対し△△加算をする決定をせよ。

と記載します。

審査請求の理由としては、当該加算の要件に該当することを具体的にいつから該当しているのかも含めて記載してください。

停止、廃止処分にたいする審査請求

保護が停止され、または廃止されるのは、被保護者が死亡したとき、失踪したとき、認定収入が保護基準を上回ったため保護が必要なくなったとき、被保護者の義務違反にたいして不利益処分として停廃止されるとき（28条5項、62条3項）、被保護者が保護を辞退したときに行われます。一時的な自由の場合は停止、改善や事情変更の余地のない場合は廃止ということになりますが、いずれも誤った事実にもとづいて停廃止がされた場合には、審査請求ができます。たとえば、東日本大震災の義援金や避難の補償金を収入認定して生活保護を廃止した処分については、収入認定は違法であるとの裁決例があります。

次に審査請求が多いのは、被保護者が法に定める義務に違反したことによるものです。生活保護法27条1項は、「保護の実施機関は、被保護者に対して、生活の維持、向上その他保護の目的達成に必要な指導または指示をすることができる」と規定しています。さらに、62条3項は、この指導または指示に従う義務を要保護者に負わせ、この義務に違反した場合には、保護の停廃止をすることを定めています。ただし、この規定により保護の変更、停止または廃止の処分をする場合には、当該被保護者にたいして弁明の機会を与えなければならず、あらかじめ、弁明をすべき日時および場所を通知しなければならないことになっています。

福岡地判平成20年3月17日は、弁明の機会を保障しなかったとして保護の廃止処分を取消しています。この例では、福祉事務所はある夫婦にたいし、独立した子どもの住所の報告や同意書の提出を指示し、従わなかったとして平成15年8月に夫婦の保護を停止しました。その後、保護を再開しましたが、翌年に今度は病気を抱える妻と子どもに就労を指示し、履行されてないとして保護を廃止しました。福祉事務所は、停止の際の書面による指示や弁明機会の保障、書面での処分通知など必要な手続を行いませんでした。訴訟の結果裁判所は、手続違背を理由に処分を取消しました。

また、自動車の利用については、当該借用物を利用することが最低限度の生活として容認できるかどうかという観点も含めて、その借用の可否を検討すべきであるとして、要保護性は高いうえ、直接の違反行為自体の内容が自動車の借用による使用であって、近ごろ自動車の普及率が著しく高まり、比較的身近な生活用品になってきていること等の事情を考えあわせると、同人の違反行為はただちに廃止処分を行うべきほど悪質なものとはいえないから、前記福祉事務所長がただちに前記保護廃止処分を行ったことは、処分の相当性において保護実施機関に与えられた裁量の範囲を逸脱したものであるとして、同処分を違法とした事例（増永訴訟）があります。停廃止処分についてもやりすぎと評価できるものがあります。具体的に主張していきましょう。

返還命令にたいする審査請求

返還命令には2種類があります。1つは、生活保護法63条にもとづくもので、被保護者が、急迫の場合等において資力があるにもかかわらず、保護を受けたときは、保護に要する費用を支弁した都道府県または市町村にたいして、すみやかに、その受けた保護金品に相当する金額の範囲内において保護の実施機関の定める額を返還しなければならないというものです。これを資力の発生による返還命令といいます。

もう1つは、不実の申請その他不正な手段により保護を受け、または他人を使って受けさせた者があるときに、保護費を支弁した都道府県知事または市町村長がその費用の額の全部または一部を、その者から徴収し、かつ、その徴収する額に百分の四十を乗じて得た額以下の金額を徴収することができるという命令です（78条）。現物給付である医療、介護、助産、さらに就労自立支援金についても、不正給付を受けたときは費用徴収の制度があります。この徴収金は、国税徴収の例により徴収することができるものであり、税と同様に差し押さえ等が可能です。また、被保護者が、保護金品（金銭給付によって行うものに限る）の交付を受ける前に、当該保護金品の一部を、被保護者の申出により、保護の実施機関が当該被保護者の生活の維持に支障がないと認めたときにかぎって、当該被保護者にたいして保護金品から差し引く方法により、徴収することもできることとされています（78条の2）。このような返還命令が出された場合、審査請求ができます。

資力の発生による返還命令の場合、除外されるものがあります。たとえば、保護費のやりくりにより生じた預貯金や過払い金等については、保有を認められます。このような場合には、この預貯金等ができあがった経過等を具体的に主張してみてください。また、震災後の義援金や原発の損害賠償等についても、生活保護の返還の対象とならないこととされています。

次に不正請求による返還命令については、返還命令に書かれている理由が不正にあたらないことを丁寧に主張していくしかありません。不正ではないと認定されて、命令が取消される例もある程度存在します。

― 5　審査請求についての特則 ―

裁決をすべき期間、再審査請求

都道府県知事は、保護の決定および実施に関する処分または就労自立給付金の支給に関する処分についての審査請求があったときは、原則として50日以内に当該審査請求にたいする裁決をしなければならないこととされています。ただし、現実には、この期間はあまり守られていません。ただ、生活保護法の場合、この期間があるため、この期間より長い標準審理期間はないと考えられます。この期間内に裁決が出ない場合、審査請求人は、厚生労働大臣または都道府県知事が審査請求を棄却したものとみなすことができ、裁判所に訴訟提起することができます（65条）。

生活保護については、再審査請求の制度も残されています（66条）。市町村長がした保護の決定および実施に関する処分ついての都道府県知事の裁決または就労自立給付金の支給に関する処分についての都道府県知事の裁決に不服がある者は、厚生労働大臣にたいして再審査請求をすることができます。再審査請求は、裁決があったことを知った日から1か月以内にしなければなりません。ただし、再審査請求をするか、訴訟にするかは任意です。

再審査請求書には、裁決が誤っている理由と原処分が誤っている理由を記載すべきです。時間がかかるケースが多く、かつ、請求の認容率も高くないため、再審査請求をするか否かは慎重に考えるべきでしょう。

【岩本安昭】

10 建築確認・開発許可関係

ポイント

開発事業者が、建築確認や開発許可を取得して工事を進めようとする場合、民事の仮処分が困難な場合、これらの行政処分の違法性を主張し、その取消しを求める。

〈主張〉

① 建築確認の場合には、隣接地や日影の範囲内のものには原告適格が認められるので、心配しないで申立ててみる。開発許可の場合には、判例は崖崩れの場合や溢水の場合に原告適格を認めているので、そのような状況があれば強調するべきだが、そうでない場合も当事者側からあきらめることはない。

② 法的に原告適格がないとしても、できるだけ多くの市民が当事者として参加するのは、運動論としては大きな意味があるし、審査会が救済的な判断を行っている事案もある。

③ 手続を申立てても、審理の終結前に工事が終わってしまう可能性が出てくれば、早めに執行停止を申立ててみる。

④ 建築確認は、変更確認が出されないかお知らせ看板や自治体の担当部署に常に注意して、万一出た場合にはすぐに追加の申立てを行い併合してもらう。

⑤ 事業者が違法な行為を行っていると考えるときは、審査請求とは別に行手法36条の3の「指導の求め」も活用する。

—１　開発事業を巡る法的係争の現状—

巨大なマンション建設やビル建設を巡って、近隣住民などが住環境の悪化を理由にしてその建設計画を係争する案件は相変わらずたくさんあります。このような事案では、日照権や景観利益にもとづく民事の差し止め請求も理論的には可能です。以前は日照権にもとづく建築工事差し止めや損害賠償の請求という民事訴訟が結構起こされて認容事例もそれなりにありました。ところが、そういった裁判事例をふまえて昭和51年に建築基準法に日影規制が導入（建築基準法に日影規制の規定（59条の２）が導入されたのは１９７６（昭和51）年）された以降は、建築確認がおりている建築物に関して受忍限度を超える被害が認定されて差し止めが認容される事例は滅多になくなりました（景観を巡っては国立マンション事件の一審（東京地判平成14年12月18日判時１８２９号36頁）が撤去を命じていますが、最判平成18年3月30日判時１９３１号3頁は景観利益を法的利益と認めつつも当該事案の違法性を否定しています）。景観利益も国立マンション事件を巡る最高裁判例で法律上の利益であるとされてはいますが、一方でその侵害が違法となるためにはきわめて高い受忍限度のハードルを課しており、侵害が違法になると認定された事案は一例も出ていません。また仮処分では仮に差し止め判断がなされても、建築費用の２割くらいという、市民には支払いが困難な多額の保証金という問題もあります。ここ20年くらいをみても、東京地裁で民事的に建築計画を係争したケースでは、表に出ない和解事例は多少はあるようですが、裁判所の判断において差し止めが認められた事案は特殊なケースを除いて聞いたことがありません。

そこで、建築計画にたいして不満をもつ近隣住民などにとっては、そもそも建築確認や開発許可（建築基準法により、建築物を建築する場合に、それが建築法規に適合していることを認め、建築行為を開始してよいという判断を自治体の建築主事あるいは民間の指定確認検査機関が行うのが建築確認です。一定規模以上の建築目的の敷地の開発について、開発都市計画法の開発許可の規定に適合している場合の許可が開発許可です。開発事業に関してはこれらの処分が行政的な争訟の中心となります）が行政法規に照らして適法か否かを係争することが、開発事案にたいしてとりえる数少ない法的手段といわざるをえないことが多いのです。

しかし、この場合も、通常の審査請求事案とは大きくちがう点があります。それは、この種の案件は事業主などにたいして一旦すでに出された建築確認や開発許可の取消しを求めて係争せざるをえないという点です。当事者が行った申請が拒否された場合に、それを係争することは行政と申請者だけの関係なので、いわゆる原告適格や訴えの利益などを考える必要がありません。ところが、第三者にたいしてなされた許可処分の取消しを求める場合には、行政と第三者と周辺住民という3者の関係となり、いったん許可を得た第三者の利益と近隣住民の不利益の両面を考えざるをえないことからさまざまな法的制約が課されます。

また、いずれの判断も、土木や建築のきわめて技術的な判断内容が問われることが多く、この分野の専門知識も必要になります。

また、いずれも単に地域環境が悪化するとか、特定の被害が生じるといった民事的な違法が係争できるわけではありません。建築基準法や都市計画法の規定に処分が違反しているか否かという点に絞って判断がされることになるので、違法事由をきちんと根拠法規に照らして明確にすることが求められます。

実際に、弁護士がこれらの手続を活用する場合にも、建築士や技術士とチームを組んで取り組む場合がほとんどで、法的にも技術的にもかなり高度の理解力が求められます。

とはいえ、周辺住民が自分たちだけで取り組んで、取消しを勝ち取った事例もあるので、自分たちで取り組んで勝つことも不可能ではありませんが、やる以上はかなり勉強をする必要を覚悟してください。

建築審査会にたいする審査請求は、おおよそ、全国で年間１００件前後の審査請求がなされ、うち10件程度が認容（処分取消し）されている状況です。

申立事案のなかには、事業者などが拒否処分にたいして申し立てるものもありますが、大部分は周辺住民が建築計画にたいして疑義をもって許可処分（確認処分）にたいしてその取消しを申し立てる事案と思われます。

日本国内における建築確認件数が、年間60万件程度であることを考えれば、係争件数はそれほど多くはありませんが、１割程度認容（取消）されているのは、訴えの利益問題や変更確認により当初処分が違法であっても取消を免れる事案が相当あること、行政訴訟で取消される事案がはるかに少ないことなどを考えると、一定の効果をあげているということができるのではないでしょうか。

開発許可にたいする審査請求の全国統計などはみあたりませんが、年間数件程度ではないかと思われます。過去に東京都で2件ほど認容事例があったようですが、原告適格の問題もあり、認容事例はきわめて少ないと思われます。

これまで、建築基準法上の処分や開発許可については、審査請求前置とされており、いきなり行政訴訟はできず、まず審査請求を行うことが必要でした。

ところが、行服法の改正にともない審査請求前置が廃止されました。また、不作為についての審査請求に関しては、建築審査会に代えて、不作為庁が自治体の機関の場合には市町村長または都道府県知事にたいして、指定確認検査機関や指定構造計算適合性判定機関の場合には当該機関にたいしてもすることができるようになりました（行政不服審査法の施行に伴う関係法律の整備等に関する法律271条）。

これにより、今後は建築基準法上の処分や開発許可にたいしては、いきなり行政訴訟を提起するのか、それとも審査請求を行うのかを当事者が選択できることとなりました。不作為にたいしては、さらに審査請求申立先の選択も可能となりました。

まず審査請求を行ったほうが有利なのか、いきなり訴訟を提起するほうが有利なのかは、個々の事案にもよるし、係属した建築審査会や裁判所の構成にも関係するので一概に判断は難しい問題です。建築審査会・開発審査会における審査請求制度のメリット・デメリットと裁判所による司法手続のちがいをよく理解して選択することになるかと思います。

審査請求前置がなくなれば、弁護士に相談した場合、司法制度のほうが使い慣れていることから、いきなり提訴という選択が増えることが予想されます。

市民にとっては行政訴訟のハードルは審査請求より高いので、審査請求を選択するケースが多くなるかもしれません。

ただし、審査請求は処分を知った日から3か月、行政訴訟は6か月と係争可能な申立期間が異なっている点はくれぐれも注意が必要です。

現実問題として、周辺住民からの審査請求で確認処分が取消された場合、事業者のほとんどは裁決の取消しを係争するよりは、計画変更による計画遂行を選択することが一般的です。そこで、審査会の判断と司法判断を比較できるほど、両者が同一争点について判断している事案は少ないのが実情であり、同一事例を通じた双方の判断のちがいをみきわめることは難しいのです。

ただこれまでの経験からは、技術に精通した審査会委員は、法律専門家である裁判官より技術論争に関しては説明が容易であり、理解に優れていると感じることも多いのです。また、原告適格などについては、理論上はどちらも同じといわれていますが、感覚的には審査会のほうが緩やかに認めているように感じます。

他方で法律論の解釈などが中心の事案に関しては裁判官のほうが法の本質に踏み込んだ判断を行ってくれると感じる場合もあります。

審査請求のメリットとしては、専門知識をもった委員による実務をふまえた判断が得られることがあること、職権審理として審査請求人が主張しない違法事由を委員が積極的にみつけ出すことも可能であること、印紙等の申立て費用が不要であること、原則書面審査であることから裁判所のように弁論期日等に何度も出頭することが不要であることなどを指摘することができます。

こうした特色から、代理人がつかない本人申立ての事案で、申立人による問題点の指摘が不十分な場合であっても、委員が審理をリードして建築確認の取消し等に至っている事案も時々みることができます。また後述するように、審査請求で確認等が取消された場合、ただちにその効力が失効し工事が停止になる点も、判決確定が必要になる行政訴訟にたいする大きなアドバンテージとなります。

― 2　建築審査会・開発審査会とは ―

建築基準法にもとづく処分（建築確認以外にも総合設計許可や高さ規制の緩和許可などいろいろな制度があります）については、審査請求を行った場合、特定行政庁（建築基準法の事務を取り扱う自治体を特定行政庁といいます。都道府県は必ず特定行政庁ですが、基礎自治体は人口10万以上の自治体の一部が特定行政庁と重なっています）に設置される建築審査会がその審査を担当することとされています（建築基準法94条）。

建築審査会は、戦後建築行政の民主化という視点で設けられた制度で、法律、建築、都市計画、行政、公衆衛生の分野の行政外の専門家から5名ないし7名の委員が選任されて審査請求の審査のほか、建築基準法で定められた同意案件の審議などにあたる組織とされています。

委員は、法律系は学者や弁護士が、公衆衛生や建築は医師や建築士など民間から選任されることが多いのですが、行政や都市計画分野は行政のOBが選任されることもあります。大都市部では審査会委員以外に、下調べ等を担当する弁護士や建築士の専門調査員を抱える場合もあります。

なお、建築基準法では、建築審査会の裁決にたいして不服がある場合には、国土交通大臣にたいする再審査請求が規定されています（建築基準法95条）。

開発審査会は、都市計画法のなかでも開発許可という制度の許可に関してのみ審査請求を担当することとされています（都市計画法78条）。

開発審査会は都道府県、指定都市等に置かれ、5名以上の委員とされており法律、経済、都市計画、建築、公衆衛生または行政の専門家が選任されることとされています。

最近は、開発許可の権限が特別区や一定規模以上の市におりている場合が多いのですが、そういう場合でも特例市以外では独自の開発審査会がなく、都道府県の開発審査会が担当することになるので、審査請求の申立先は注意が必要です。

また開発許可以外の都市計画に関する処分などにたいして審査請求を行う場合には、通常の審査請求となり、当該自治体がこれを担当することとなります。

また、開発許可にたいする再審査請求の制度は今は廃止されています。いろいろと問題点が指摘されることもありますが、通常の審査請求が行政庁に属する職員が審理員となって行われるのにたいして、これらの審査会は外部の専門家が委員として任命されていることから、準司法的な色彩が強くなります。

とくに、近年建築確認の権限が民間の指定確認検査機関にも与えられたことから、建築審査会は独立した立場から厳しいチェックの目を向けていると感じるケースもあります。

3　審理の実情

建築審査会における審理は、審査請求申立にたいして、処分庁から弁明書、これにたいして申立人から反論書が提出され、さらに論点があれば再弁明書、再反論書が何回かやりとりされます。

おおむね相手方書面を受け取って14日以内に反論書面の提出を求められるのが通例です。何度かやりとりをして論点が整理されたところで口頭審理が行われたうえで裁決となります（建築基準法94条3項）。

建築基準法は、審査請求について、受理の日から1か月以内に裁決を義務づけているのですが（建築基準法94条2項）都内の審査会の実情では、おおむね審理期間は半年から1年程度のことが多いのです。

周辺住民からの申立ての場合、訴えの利益の問題等を考えると、迅速な審理が求められますが、かなり技術的な問題であり、建築士等とも協議しながら主張を検討せざるをえないことや、審査会委員が非常勤の外部の専門家であることを考えると、現実的には1か月以内の裁決は不可能です。他方で、戸建て住宅などの場合、せいぜい1か月から2か月で建築が完成してしまうことを考えると、大規模建築物以外は完成前の裁決は難しいのが実情です。

大規模建築物であっても、裁決時にはおおむね建築物は完成に近づいており、裁決に不服があっても行政訴訟で判決を得る時間はほとんど残されていない事案がほとんどです。執行停止の柔軟な活用が望まれるところです。再審査請求に関しては、申立てを行っても、特段の書面のやりとり等はなく判断がされます。長いと数年程度判断が出ないままになっている事例が多くあり、最近は数か月で判断がなされている事案もあるようですが、再審査請求で結論が変わる事例はあまりなく実質面においても再審査請求制度の存在意義はほとんどないと考えるべきでしょう。

開発許可の審査請求も、再審査請求がない点を除けば手続はほぼ同じです。

―4　審査請求に共通する争訟要件を巡る論点―

建築確認や開発許可が拒否された場合にも、申請者（事業者）も審査請求を起こすことが可能ですが、ここではもっぱら事業者が建築確認や開発許可を取得して、開発や建築の工事を行う場合に、近隣住民らがその取消しを求めて行う審査請求を念頭において説明します。なお、建築確認は原則としてすべての建築行為に必要ですが、開発許可は少なくとも500平米以上の規模の敷地で開発行為を行う場合に限定されているため、ある程度規模の大きな事業にしか適用されません。ここでは原則として建築確認を念頭において解説し、適宜開発許可の場合の相違について補足することとします。

周辺住民が取消しを係争する場合には、原告適格や訴えの利益などのいわゆる訴訟要件という問題が重要な論点となります。

以下の原告適格、訴えの利益、変更処分との関係はいずれも理論的には行政訴訟でも審査請求でも同じとされています。これらの概念は行訴法に規定が置かれており、行服法には規定されていないこともありますが、原則として同じ考えかたによると考えられており、その結果行政訴訟を巡って議論が深まってきているので文献等を調べる場合、行政訴訟に関して書かれているものが圧倒的に多くなります。そこで行政訴訟を念頭において審査請求にも共通する「行政争訟の要件」としてまとめて解説したうえで、審査請求の相違点を補足することとします。

拒否処分にたいして申請者が係争する場合には、拒否を受けたという直接の不利益を受けているため、問題なく処分を争うことができることとされていますが、近隣住民などが事業者の得た処分の効力を争う場合には、近隣住民らに「法律上の利益」がある場合にのみ係争可能とされています。この係争可能な状態にあることを訴訟の場合には「原告適格」、審査請求の場合には「審査請求人適格」といいます（以下、とくに断りのないかぎり両者はほぼ同じ概念といえるので、原告適格として解説します）。

日本の制度では争訟制度は当事者の個人的な利益を保護するための制度とされており、単なる公益確保目的では行政争訟はできないものとされています。

行訴法9条1項は「処分の取消しの訴え及び裁決の取消しの訴え（以下「取消訴訟」という）は、当該処分又は裁決の取消しを求めるにつき法律上の利益を有する者（処分又は裁決の効果が期間の経過その他の理由によりなくなった後においてもなお処分又は裁決の取消しによって回復すべき法律上の利益を有する者を含む）にかぎり、提起することができる」と規定しています。

ある処分の係争を希望する周辺住民らに原告適格があるのかどうかという点は、当該処分を行った根拠となった法律が、係争を求める近隣住民らの個人的利益を保護しているか否かという点と、係争しようとする人がその保護の及ぶ範囲内にいるのかどうかという点をふまえて判断されます。

とはいえ、普通は処分の根拠の法律に、この法律が個人の利益を保護しているのかいないのか、保護の範囲がどこまでなのかが明記されているわけではありません。

行訴法9条2項では、その判断の基準として「法律上の利益の有無を判断するに当たっては、当該処分又は裁決の根拠となる法令の規定の文言のみによることなく、当該法令の趣旨及び目的並びに当該処分において考慮されるべき利益の内容及び性質を考慮するものとする。この場合において、当該法令の趣旨及び目的を考慮するに当たっては、当該法令と目的を共通にする関係法令があるときはその趣旨及び目的をも参酌するものとし、当該利益の内容及び性質を考慮するに当たっては、当該処分又は裁決がその根拠となる法令に違反してされた場合に害されることとなる利益の内容及び性質並びにこれが害される態様及び程度をも勘案するものとする」と規定していますが、この法律をみても、やはりただちに原告適格の有無が明確になるわけではありません。

この問題は、行政争訟を巡る諸問題のなかでも難問の1つとされており、現実の判定においては、同種事案にたいする判例を参照したりする必要があります。

建築確認に関しては、原則として当該建築敷地に隣接する土地所有者や居住者、当該建築物により日影を受ける範囲の土地所有者や居住者などは原告適格があるとされています。

開発許可の場合には、判例は微妙で、崖の安全性や溢水の安全性に関する規定（都市計画法33条1項3号や7号の規定）に関しては崖の崩壊の危険が及ぶ範囲や溢水の被害が及ぶ範囲の住民に原告適格を認めていますが、それ以外はどこまで認めるのかは微妙な問題で、下級審の判断は定まっていません。

もっとも、行訴法9条1項は「原告適格があるものに限って提訴できる」と規定していますが、実際の手続では、原告適格が結果的にないと判断される事案でも提訴や審査請求申立は可能であり、判決や裁決において判断が示されます。原告適格があるとされると、さらに進んで本案の違法性にたいする判断が示されますが、ないとされると却下ということになり、本案にたいする判断がなされません。そういう意味では、あまり心配しないで申し立ててみるべきでしょう。

また、市民運動的に考えると、審査請求人が多数いる場合、1人でも原告適格が認められれば本案の判断を受けることができるので、原告適格の点に疑義がある人でも仲間を増やすという視点で申立人となってもらうことはよくあることです。訴訟では原告の人数に応じた印紙を貼る必要がありますが、審査請求では手数料がかかりませんから、運動的に何百人もの多数の申立人を立てる事案もあります。

行訴法9条1項に「（処分又は裁決の効果が期間の経過その他の理由によりなくなつた後においてもなお処分又は裁決の取消しによって回復すべき法律上の利益を有する者を含む）」と規定されているように、裁判や裁決を得てももはや法的なメリットがなくなった場合には、訴えの利益がなくなったとされ、この場合も却下という結論になります。

建築確認や開発許可は、それぞれ建築工事、開発工事をやって良いという許可であり、完成してしまうと原則として効果が消滅してしまうとされています。なお、建築基準法上のさまざまな許可等については、建築確認と同じではなくかならずしも工事完成で訴えの利益が消滅するとはされていません。

このように建築確認や開発許可について、対象の工事が完成すると原則としては訴えの利益が消滅するとされていることから、工事完成による訴えの利益喪失と審理期間の問題、そして執行停止がとても重要な問題となります。

審査請求の所要期間は数か月から長いと年単位となり、工事期間より長くなる事案も普通に出てきます。行政訴訟でも審査請求でも、原則としては判決や裁決の前には処分の効力は停止しませんが、それでは審査期間が長引けば工事完成による訴えの利益の喪失に至ってしまい、処分が違法であっても周辺住民は救済されない結果となってしまいます。

それだけではなく、工事が進むと元に戻す費用や工事が膨大になることもあり、事業者の損害も大きくなることから、場合によっては完成前でも事情判決や事情裁決（処分が仮に違法であっても、あまりにも損害が大きくなることを考慮して取消さないという判断）がなされる可能性も出てきます。

このような事態を回避するために、判決や裁決の前にとりあえず処分の効力を一旦停止する制度として執行停止という仮の救済制度（行訴法25条、行服法25条）が設けられています。

審査請求の場合、執行停止の要件は行服法25条4項で「処分、処分の執行又は手続の続行により生ずる重大な損害を避けるために緊急の必要があると認めるときは、審査庁は、執行停止をしなければならない。ただし、公共の福祉に重大な影響を及ぼすおそれがあるとき、又は本案について理由がないとみえるときは、この限りでない」としており、重大な損害、緊急の必要が積極要件となっています。

しかし、行政訴訟でも審査請求でも、第三者にたいする許可処分を当事者以外の者が係争するケースでは、一旦許可を受けた者の利益を考慮せざるをえないので、現実的にはめったに執行停止が認められることはありません。

過去の事例で、建築確認だと審査請求段階でも訴訟でもそれぞれ数件程度（ここ50年近くの間で）、開発許可では訴訟でも審査請求でも実例がないというような厳しい結果です。審査請求における建築確認の執行停止事例は知るかぎりでは過去に4例ほどしかありません。しかし、平成27年には、文京区で１００戸の大規模なマンションと、世界遺産の下鴨神社の倉庫について執行停止が認められています。これまで事例が少ないからといって、申立てをためらうことなく活用すべきでしょう。

行政不服審査請求においては、行政訴訟の場合と異なり重大な損害が認定できない場合であっても審査庁による裁量的な執行停止を規定しており、審査手続の進行をふまえたその柔軟な活用が求められています。また、行政訴訟の執行停止は上訴との関係もあり別事件となり、証拠なども改めて別途揃えて提出することが求められますが、審査請求の執行停止は、同じ手続のなかで審査が完結するので比較的簡易に申立て可能です。

困難な道ですが、工事の進行や審査請求の進展もふまえて、執行停止を申し立てることも重要です。

なお、民事の工事中止の仮処分の場合、請求が認められた場合には、通常かなり巨額の保証金を供託する必要がありますが、執行停止は審査請求でも行政訴訟でも保証金は必要ありません。これは資金の少ない近隣住民には大きなメリットです。

なお、行政訴訟の場合には取消判決が出ても確定するまで効力を生じないこととされており、処分庁側は敗訴事案ではかならず控訴することから、一審で勝訴したとしても工事の停止には当然にはなりません。ところが審査請求の場合には取消しの裁決が出た場合にはただちに効力が生じ、処分庁が不服を申し立てる方法はないとされていることから、その時点で工事が停止します。したがって、執行停止が出ない場合には、とりあえず工事完成前に審理を終えて裁決を出してもらうことを考えるべきです（確認や開発許可の申請者は取消裁決を係争することは可能です）。

行政不服審査請求あるいは行政訴訟における係争対象は原則として行政処分が単位（訴訟物）とされています。別個の処分にたいしては、別個の手続が必要になるのです。この原則は建築分野でもなんら変わるところはないとされています。建築確認を係争する場合、その特殊な構造から、係争対象と手続の関係から問題が生じることが多いのです。

それは、ある建築計画についてAという建築確認がおりていた場合、建設工事の途中で計画内容が変更された場合には、軽微な変更を除き変更建築確認Bを取得する必要があります。

建築現場では、工事を開始した後でたとえば地盤の支持力が不足していたことが判明したり、施主の要望による設計変更要請が出たりして計画内容を変更することはままみられることです。

変更建築確認については、事実上確認の審査は変更部分についてのみ行われますが、形式的には全体を審査して、処分としてはAとは別個の新たな建築確認処分であるとされています。

変更建築確認がなされた場合、仮に近隣住民が当初の建築確認Aについて審査請求を申し立てていたとしても、その審査請求手続の効果は別の処分である変更建築確認Bには及びません。Bにたいして取消しを求めるには、別途Bについても審査請求を起こす必要があるのです。現実的には、Aにたいする審査請求がまだ進行中であれば、これと併合して審理されればそれほど手続負担の問題は生じません。

ところが、Aにたいする審理が口頭審理も終了して裁決待ちであったような時点でB処分がなされたような場合には、改めてBにたいする審査請求を別途提起することが必要になってしまいます。もしそういう手を打たないと、せっかくAにたいする取消し裁決を得ても、裁決前に変更確認Bが出てしまっていると、取消しの効果はBには及ばず、工事が続行できる結果となってしまいます。

しかも、変更確認申請が処分庁に出されていても、法的にはそれを審査会や審査請求人に通知するような制度はなく、変更確認が出て現地に掲示等がなされて初めて審査請求人はこれを知ることとなります。

最近では、審査会による取消し裁決が出されることを恐れて、審査請求のなかで審査請求人が主張する違法事由が取消し事由に該当する可能性があると考える場合、処分庁は施主と相談してその部分を修正した変更建築確認を先行的に行う場合も増えてきています。

そのようなことがなくても、裁決直前になんらかの変更をして変更確認を得てしまえば、事実上裁決の効力を逃れることができてしまうのです。

なお、開発許可は法的な構造が建築確認とは少しちがうとされており、変更許可は変更する部分だけが対象とされています。工事途中で変更開発許可が出た場合でも、元の開発許可も存続しているとされているので、このような問題は生じません。

― 5　対象処分に関する資料の入手の問題 ―

資料の入手、建築確認図書の閲覧制限の問題

確認処分や総合設計許可処分などに関して、周辺住民には原告適格を認める判例が確立しているといってよいでしょう。しかし、周辺住民は処分の申請者ではないので、申請図書などの資料をもっていません。特定行政庁

が処分庁となっている許可手続の書類や、建築主事が建築確認を行った事案については行政が書類を保有していることから情報公開の対象となります。もっとも情報公開手続をとった場合にある程度時間がかかることや、細かい間取りなどについては個人情報として公開されないこともあり、審査請求提起前に周辺住民などがかならずしも十分な判断資料の検討ができるわけではありません。しかし最も問題があるのは、民間の指定確認検査機関が建築確認を行う場合です。現在の建築確認制度では、確認処分にたいして原告適格を有する者であっても、施主が指定確認検査機関に提出し、処分庁が審査した建築確認図書を閲覧できる制度がありません。

むしろ建築基準法には77条の25に「確認検査の業務に関して知り得た秘密を漏らし、又は盗用してはならない」との規定があることから、指定確認検査機関が周辺住民等に申請図書などを閲覧させることは普通はありません。情報公開制度も民間の指定確認検査機関は公開の対象外となることから使えません。

審査請求人は、審査請求を行うか否かの判断を行う前に建築確認処分の図面等をみて適法性を検証する法的な方法がないのです。

現在の建築基準法で唯一公開が規定されているのは建築計画概要書だけですが、これは建物配置図面と敷地や建築物の概要の数字だけしか記載されておらず、これをみてもほとんど建築物の違法性のチェックは不可能です。しかし、建築計画概要書でさえも閲覧・謄写に制限が課されている自治体も多いのです（建築計画概要書を閲覧してＤＭを送るような事例にたいする苦情から、閲覧や謄写の制限がなされている自治体が増えています）。

現実的には、マンション等の規模の大きな建設計画では多くの自治体で中高層建築物の紛争予防条例やまちづくり条例などで近隣説明が義務づけられていることから、そのなかで配布された図面等をもとに違法事由を検討し、審査請求を提起せざるをえません。

審査請求提起後に、審査会あるいは処分庁に建築確認図書の提出を求めるのが通例ですが、処分庁はなかなか書類を公開せず、あるいはごく限定的にしか公開せず、資料の開示要求だけでかなりの期間を要してしまう事例もたくさんあります。

行訴法では、23条の2で釈明処分の特則が規定され、これを活用して裁判所が確認図書の提出を求めることが制度的には可能です（もっとも現実的には建築確認を係争する訴訟事案において、裁判所が積極的に釈明処分の特則を活用して、確認図書の提出を命じることはあまりないのが現実です）。また文書提出命令の活用も考えられます。ところが行服法では33条で建築審査会による書類等の物件提出要求が規定されていますが、処分庁がこれに従わない場合の規定がないのです。

これはもともと審査請求が行政内部における審査であり、処分庁が審査庁の要求に従わない事態は想定されていないので、それ以上の強制措置が規定されていないものと思われますが、上下関係にない指定確認検査機関の場合には、行政内部の組織的統制がないこととなり、多くの事案では処分庁は確認図書の提出をなかなか行わないのが現実です。

さらには確認図書が提出された場合であっても、審査会は申立人にこれを閲覧させるだけで謄写を認めない場合もあり、現実的には複雑な図面等のチェックに困難をきたす場合が多いのです（行服法38条）。

他方開発許可の場合は、かならず自治体が許可をおろすので、開発登録簿（公開情報）や申請図書の情報公開で原則的な資料を入手することが可能です。

【日置雅晴】

第4部

審査請求にあたって主張すること

11

処分の違法（実体的違法）

1　法律の条文の構造：要件と効果

審査請求では、処分が違法であることを主張して、その取消しを求めます。違法というのは、法律に違反することです。法律による行政の原理（法治主義の原則）からは、行政活動は法律に従って行われる必要があるために、法律に違反する（違法な）行政活動は効力を有しません。ですから、「当該処分は法律に違反しているので、早急に取消してくれ」と審査庁に申し立てるわけです。

しかし、処分権限を有する行政庁（行服法4条1号は、処分を下した行政庁という意味で、これを「処分庁」と呼びます）により一旦なされた処分は、取消されるまでは一応有効なものとして扱われます。処分の効力を失わせるには、[1] 処分庁自らが過ちを認めて取消すか（職権取消し）、[2-A] 国民が行訴法にもとづき取消訴訟（行訴法3条2項）を提起して請求認容判決をもらうか、あるいは [2-B] 国民が行服法にもとづき審査請求を行って請求認容裁決をもらう以外にありません（争訟取消し）。この本のテーマは、[2-B] です。

処分の違法について理解してもらうためには、具体的な法律の例を用いるのが一番です。食品衛生法の例を用いて、説明しましょう。

【食品衛生法（昭和22年法律第233号）】

第5条　販売（不特定又は多数の者に対する販売以外の授与を含む。以下同じ。）の用に供する食品又は添加物の採取、製造、加工、使用、調理、貯蔵、運搬、陳列及び授受は、清潔で衛生的に行われなければならない。

第6条　次に掲げる食品又は添加物は、これを販売し（不特定又は多数の者に授与する販売以外の場合を含む。以下同じ。）、又は販売の用に供するために、採取し、製造し、輸入し、加工し、使用し、調理し、貯蔵し、若しくは陳列してはならない。

1号　腐敗し、若しくは変敗したもの又は未熟であるもの。ただし、一般に人の健康を損なうおそれがなく飲食に適すると認められているものは、この限りでない。

2号　有毒な、若しくは有害な物質が含まれ、若しくは付着し、又はこれらの疑いがあるもの。ただし、人の健康を損なうおそれがない場合として厚生労働大臣が定める場合においては、この限りでない。

3号　病原微生物により汚染され、又はその疑いがあり、人の健康を損なうおそれがあるもの。

4号　不潔、異物の混入又は添加その他の事由により、人の健康を損なうおそれがあるもの。

第51条　都道府県は、飲食店営業その他公衆衛生に与える影響が著しい営業……であつて、政令で定めるものの施設につき、条例で、業種別に、公衆衛生の見地から必要な基準を定めなければならない。

第52条　前条に規定する営業を営もうとする者は、厚生労働省令で定めるところにより、都道府県知事の許可を受けなければならない。

2項　前項の場合において、都道府県知事は、その営業の施設が前条の規定による基準に合うと認めるときは、許可をしなければならない。ただし、同条に規定する営業を営もうとする者が次の各号のいずれかに該当するときは、同項の許可を与えないことができる。

1号　この法律又はこの法律に基づく処分に違反して刑に処せられ、その執行を終わり、又は執行を受けることがなくなつた日から起算して2年を経過しない者

2号　第54条から第56条までの規定により許可を取り消され、その取消しの日から起算して2年を経過しない者

3号　法人であつて、その業務を行う役員のうちに前2号のいずれかに該当する者があるもの

3項　都道府県知事は、第1項の許可に5年を下らない有効期間その他の必要な条件を付けることができる。

第54条　厚生労働大臣又は都道府県知事は、営業者が第6条……の規定に違反した場合……においては、営業者若しくは当該職員にその食品、添加物、器具若しくは容器包装を廃棄させ、又はその他営業者に対し食品衛生上の危害を除去するために必要な処置をとることを命ずることができる。

2項　略

第55条第1項　都道府県知事は、営業者が第6条……の規定に違反した……場合……、第52条第2項第1号若しくは第3号に該当するに至つた場合又は同条第3項の規定による条件に違反した場合においては、同条第1項の許可を取り消し、又は営業の全部若しくは一部を禁止し、若しくは期間を定めて停止することができる。

2項　略

第56条　都道府県知事は、営業者がその営業の施設につき第51条の規定による基準に違反した場合においては、その施設の整備改善を命じ、又は第52条第1項の許可を取り消し、若しくはその営業の全部若しくは一部を禁止し、若しくは期間を定めて停止することができる。

一般に、処分の根拠法規は、「行政庁は、A のときは、B をしなければならない」という規定になっています。このときの A を要件規定、B を効果規定と呼びます。行政庁は、法律によって、A という条件が満たされたときにのみ、B を行うことが許されます（場合によっては、B をすることが義務づけられます）。どうしてかというと、B は、命令（国民にたいして一定の行為をするように義務づける）、禁止（国民の権利を制限する）、許可（一般的に禁止されている行為を一定の条件の下で解除する）という性質をもつため、もし行政庁が自由気ままに行使することを許せば、国民の権利が著しく侵害されかねないからです。他方で、食中毒事件を頻繁に起こす飲食店の営業を野放しにするわけにもいきません。そこで、行政庁の権限行使を制約しつつ、多くの国民の健康という公益を確保する必要が生まれます。その鍵となるのが、法律です。法律は、国民の代表である国会が制定するものですから、法律のなかで、「A の場合には、公益上の必要から、国民の権利を制約し、義務を課す内容の B という行為をしても構わないよ」という授権がなされている場合ならば、国民が公益上の必要から自らの権利を制約し、自らに義務を課すことに同意しているといえるからです。行政庁が国民の権利を制限し、義務を課すことにかかわる行為をすることができるのは、法律に記載された一定の条件を満たす場合にかぎられるのです。

こうした行政庁による処分権限を行使するための根拠となる法律を、実体法と呼びます。**11**では、実体法への違反（実体的違法）について説明します。これにたいして、処分権限を行使するための手続を定めた法律のことを、手続法と呼びます。手続法への違反（手続的違法）については、**13**で説明します。

食品衛生法52条2項は、飲食店の営業許可について、「都道府県知事は、その営業の施設が前条の規定による基準に合うと認めるときは、許可をしなければならない」と規定していますが、「その営業の施設が前条の規定による基準に合うと認めるとき」が A で、「許可」が B ということになります。同法55条1項は、飲食店の許可取消し、営業禁止、営業停止について、「都道府県知事は、営業者が第6条……の規定に違反した……場合……、第52条第2項第1号若しくは第3号に該当するに至つた場合又は同条第3項の規定による条件に違反した場合においては、同条第1項の許可を取り消し、又は営業の全部若しくは一部を禁止し、若しくは期間を定めて停止することができる」と規定していますが、「営業者が第6条……の規定に違反した……場合……、第52条第2項第1号若しくは第3号に該当するに至つた場合又は同条第3項の規定による条件に違反した場合」が A で、「同条第1項の許可を取り消し、又は営業の全部若しくは一部を禁止し、若しくは期間を定めて停止すること」が B ということになります。

2　効果裁量

裁量と覊束《きそく》

まず、効果規定について説明しましょう。A を満たしているにもかかわらず、行政庁が B の許可を行わずに不許可処分を下した場合、その不許可処分は、審査請求の結果下される請求認容裁決（取消裁決）によって、法律に違反するものとして取消されます。審査請求人としては、「この不許可処分は食品衛生法52条2項に定める営業許可の要件を満たしているにもかかわらず、許可がなされずに下されたものであり、違法であるから取消してほしい」と主張すればよいのです。

ここで、B について、「しなければならない」ではなく、「することができる」という規定になっている場合もあります。食品衛生法52条2項では、先ほど引用した箇所に続けて、「ただし、同条に規定する営業を営もうとする者が次の各号のいずれかに該当するときは、同項の許可を与えないことができる」という定めを置いています。やや変則的な規定なのですが、「許可を与えないこと＝不許可処分をすること」が B ということになります。このようなとき、「行政庁には、B をするか否かについて裁量が与えられている」と表現します。効果について裁量が付与されているので、効果裁量と呼ばれます。

これにたいして、「しなければならない」という規定ぶりのときは、行政庁には B をするか否かについて裁量はなく、要件が備わっているかぎり、かならず B をすることが義務づけられます。このようなとき、「行政庁は B をするように羈束《きそく》されている」と表現することがあります。いかめしい表現ですが、羈束とは、牛や馬などを縛りつけて、言うことを聞かせるというような意味です。

裁量の逸脱・濫用

行政庁に（効果）裁量が与えられている場合、原則として、その処分をしてもしなくても当・不当の問題を生ぜしめるにとどまり、違法となることはありません。ただし、行政庁が与えられた裁量の範囲を逸脱していたり、不正な動機にもとづき裁量権を濫用的に行使したような場合には、下した処分が違法と判断されて、取消されることになります（参照、行訴法30条）。多くの法律は行政庁に効果裁量を与えているため、「たしかに、この法律は行政庁に効果裁量を与えている。しかし、それにしても裁量権を逸脱・濫用しているから、処分は違法だ」と主張することになると思われます。

なお、行服法の場合は行訴法とは異なり、処分が不当である場合にも取消裁決を下すことができるので、注意しましょう（↓12）。

それでは、効果裁量の逸脱・濫用は、いかなる視点で判断されるのでしょうか。ここで重要なのが、比例原則、平等原則といった法の一般原則の視点です。

比例原則

比例原則というのは、行政による権限の行使は、行政目的を達成するために必要な範囲でのみ許されるという原則です。たとえば、軽微な食中毒事件を発生させた飲食店にたいして営業停止処分を下す目的は、原因の究明と再発防止のためです。大抵は、数日間で済まされます。それにもかかわらず、目的と比較して不相応なほど長期間の、たとえば1か月の営業停止処分を下すことは、目的と手段の均衡を欠くものであり、比例原則違反として違法になります。重い違反には重い処分、軽い違反には軽い処分が求められるというわけで、発想としては、罪を犯した者にたいしてどのくらいの科刑が適切であるかという罪刑均衡の原則と共通するものがあります。

平等原則

平等原則というのは、行政が、合理的な理由なくして国民を差別的に取り扱うことは許されないという原則です。たとえば、市立公民館の一室を会議で使いたいからと使用許可を申請してきたAとBにたいして、Aには許可を下したのに、Bは不許可とするようなことは、合理的な理由がなければ許されません（地方自治法244条3項）。もちろん、「合理的な理由」の内容は、さまざまなものがあるでしょう。会議室は1つしかないのに、同じ時間帯にAとBが申請してきたようなときは、①早い者勝ちにするか、②抽選にするか、③申請書のなかに使用理由を記載させて、より公益性の高いほうに使用させるといったやりかたがありえます。ただし、③はなにをもって「公益性が高い」とするかについて基準を立てて判断するのが非常に難しいので、採用例はほとんどみられません。また、会議室は30人までしか収容できないのに、Aが100人規模の集会を開きたいといって使用許可を申請してきたような場合には、施設の容量不足を理由に不許可とすることにも合理的な理由が認められます。

個別事情考慮義務

事案ごとに尽くすべき個別事情を考慮する義務（個別事情考慮義務）が尽くされていない場合にも、裁量権の逸脱・濫用は認定されえます。たとえば、法律の条文を形式的に適用したのではきわめて不合理な結論となる場合などです。食品衛生法52条2項ただし書でいえば、申請者が食品衛生法違反で刑に処せられてまだ1年半しか経過していないから、同項1号の要件に形式的には該当しているものの、事案の個別事情を丹念に調査すると、申請者は自らの罪を真摯に反省して再犯のおそれがまったくないと客観的に認められるような場合に、まだ「みそぎ」が足りないといったよくわからない理由で都道府県知事が不許可処分を下せば、効果裁量の逸脱・濫用が認められる可能性があります。条文には「不許可処分をすることができる」と書いてあるのだから、不許可処分をしても形式的には法律に反しないように思えますが、個別の事情を考慮すれば、不許可処分をすることは裁量権の逸脱・濫用になるということです。なお、個別事情考慮義務は、場合によっては、平等原則と緊張関係に立つことがあります。ＰとＱが同じように刑に処せられて1年半しか経過していない者であっても、反省の度合いによっては、Ｐの申請は認めて、Ｑの申請は認めないという取り扱いをしたほうが適切な場合があるからです。

不正な動機

形式的に処分要件を満たしていたとしても、不正な動機にもとづいて下された処分は、違法と判断されることがあります。事例としては、余目町個室付き浴場事件が有名です（ただし、これは国家賠償の事案です。国家賠償の場合、審査請求の場合と「違法」の内容が異なることがあります）。

【余目町個室付き浴場事件】

Ｘが山形県余目町に個室付き浴場を開業しようとしたところ、周辺住民による反対運動が起きたため、山形県と余目町は、個室付き浴場の予定地から１３４ｍ離れた場所にある廃校跡地を児童福祉法上の児童福祉施設として認可することにしました。当時の風俗営業取締法４条の４は、児童福祉施設の周囲２００ｍ以内で個室付き浴場を営業することを禁止していたためです。県知事による児童福祉施設の認可は、それ自体としては児童福祉法の要件を満たすものでしたが、最判昭和53年5月26日民集32巻3号６８９頁は、この認可はＸによる個室付き浴場の営業を阻止することを主たる動機としてなされたものであり、行政権の著しい濫用によるものとして違法であるとしました。

【国家賠償訴訟、取消訴訟、審査請求における「違法」概念】

学説では、国家賠償訴訟、取消訴訟、審査請求における「違法」概念は一致すると考えられています（違法一元説）。違法一元説によれば、国家賠償訴訟の判例において処分が違法であると判断された事例は、審査請求においても先例として参考になるはずです。ところが、判例のなかには、国家賠償訴訟における「違法」概念は取消訴訟や審査請求における「違法」概念とは異なり、主観的な故意・過失の要素も含めて判断されるとするものがあり（違法二元説）、この場合は、国家賠償訴訟の判例において処分が違法であると判断された事例であっても、ただちに審査請求の先例とはなりません。処分の違法について判例を参考に主張を組み立てる際には、注意する必要があります。

3 要件裁量

読者のみなさんに理解していただきやすくするため、効果裁量について先に説明したのですが、A の要件の認定についても、裁量は観念されます。食品衛生法52条2項では、「その営業の施設が前条の規定による基準に合うと認めるとき」という要件が定められています。これは、前条（同法51条）で、「条例で、業種別に、公衆衛生の見地から……定めなければならない」とされている「基準」に「合うと認める」か否かについては、都道府県知事の裁量に任されているということです。このような場合、要件に該当するか否かの認定について裁量が付与されているので、要件裁量と呼ばれます。

和歌山県食品衛生法施行条例4条と別表第2には、食品衛生法51条について定めた「基準」が示されています。

通常の店舗で飲食店を営業する場合ならば、次の基準に合うと認められなければ、許可は与えられません。

【和歌山県食品衛生法施行条例　別表第２】

(ア)　洗浄設備は、食品及び器具それぞれ専用のものであること。ただし、衛生上支障がないと認められるときは、この限りでない。

(イ)　食品の洗浄設備は、調理のそれぞれの段階に応じた専用のものであること。ただし、衛生上支障がないと認められるときは、この限りでない。

(ウ)　食品の取扱量に応じた十分な大きさを有し、かつ、10度以下の温度に保つことができる冷蔵設備が設けられていること。

(エ)　冷凍食品を保存する場合にあっては、冷凍食品の取扱量に応じた十分な大きさを有し、かつ、零下15度以下の温度に保つことができる冷凍設備が設けられていること。

(オ)　調理場の食品及び飲食器の保管設備（冷蔵設備及び冷凍設備を除く。）は、床面から0.5メートル以上の高さに設けられていること。

(カ)　放冷の必要がある食品を取り扱う場合にあっては、これを衛生的に放冷するための設備が設けられていること。

(キ)　客に飲食させる食品の施設以外の場所への運搬用の器具は、蓋付きのもので、かつ、洗浄が容易なものであること。

(ク)　まな板及び包丁は、調理の方法及び食品の種類により必要に応じてそれぞれ専用のものであること。

（ケ）生食用の食品を扱うまな板は、合成ゴム製又は合成樹脂製のものであること。
（コ）自家製ソーセージを調理する場合にあっては、次に定めるところによること。
a　調理場は、次に掲げる構造設備を有すること。
(a)　肉ひき機、充填機、くん煙機、湯煮槽、冷却槽その他必要な器具が備えられていること。
(b)　給湯設備を有する器具の洗浄設備が設けられていること。
(c)　流水式手洗設備及び手指の消毒設備が設けられていること。
(d)　製品の中心部を測定できる温度計が備えられていること。
(e)　肉の水素イオン濃度を測定するための装置が備えられていること。
(f)　細菌検査装置が備えられていること。
b　原料肉用及び製品用に区画された冷蔵設備が設けられていること。
c　添加物、調味料等の専用の保管設備及び添加物、調味料等の計量のための計器が備えられた計量室が設けられていること。
（サ）生食用食肉（牛の食肉（内臓を除く。）であって、生食用として販売するものに限る。（シ）において同じ。）を加工する場合にあっては、次に定めるところによること。
a　設備は、専用とし、他の設備と明確に区分されていること。
b　器具及び手指の洗浄及び消毒のための設備が設けられていること。
c　温度計を備えた加熱殺菌設備が設けられていること。
d　冷却設備が設けられていること。

（シ）（サ）a及びbの規定は、生食用食肉を調理する場合について準用する。

一読しただけでも、「衛生上支障がないと認められるとき」、「食品の取扱量に応じた十分な大きさ」、「洗浄が容易なもの」といった要件に該当するか否かの判断について、都道府県知事に裁量が認められているのがわかると思います。これにたいして、「10度以下の温度に保つことができる冷蔵設備」、「床面から0.5メートル以上の高さに設けられている」、「合成ゴム製又は合成樹脂製のもの」については、要件に該当するか否かの判断について裁量の余地はありません。

こうした基準が定められている場合、行政庁の判断に裁量権の逸脱・濫用があるか否かは、①基準そのものの合理性と、②その基準への具体的な事実のあてはめの合理性という2段構えで判断されることになります。

①については、上に掲げた「基準」を一読するかぎり、洗浄設備、冷凍設備、生食用の食品加工について必要な設備が備わっているかというような、施設の衛生面に配慮した規定が置かれており、適切であると思われます。しかし、たとえば、「基準」のなかに、「調理場が500平方メートルの広さを備えていること」という規定があり、みなさんの飲食店の調理場はとてもそんな広さを備えていなかったために営業申請に不許可処分が下された場合はどうでしょうか。500平方メートルといえば、体育館程度の広さです。そもそも調理場が体育館程度の広さを備えている必要はまったくありませんから、①基準そのものが合理性を欠いているので、行政庁の判断には裁量権の逸脱・濫用があると主張することになります。

これにたいして、②の、基準の内容は合理的だけれども、具体的な事実のあてはめが合理的でない場合というのは、「（ク）まな板及び包丁は、調理の方法及び食品の種類により必要に応じてそれぞれ専用のものであること」

について、みなさんの飲食店は衛生のことを考えて、きちんと生肉・魚用とそれ以外の文化包丁を数種類用意していたのに、それだけでは足りず、出刃包丁、刺身包丁、薄刃包丁、菜切り包丁、麺切り包丁、パン切り包丁などなど、10種類も20種類も包丁を用意していなければダメだという理由で営業申請に不許可処分が下されたような場合です。この場合、（ク）の基準は合理的ですが、その基準への行政庁による具体的な事実のあてはめが合理的ではないのです。

このように、要件裁量は、多くの場合、個別法規の解釈とも関連して、大きな問題となります。土地収用法20条3号が事業認定の要件として定める「事業計画が土地の適正且つ合理的な利用に寄与するものであること」や、出入国管理および難民認定法21条3項が在留期間の更新の要件として定める「在留期間の更新を適当と認めるに足りる相当の理由があるとき」などはよく知られています。この本のなかでも、いくつか具体的な個別法規がとりあげられていますが、ほとんどの場合、問題となるのは、要件裁量についてです。

4 事実認定

事実認定とは

これは法律の解釈の問題ではないのですが、行政庁の行った事実認定に不満があるという場合は決して少なくありません。たとえば、あなたが営んでいる鮮魚店に保健所の調査が入り、「腐った魚を販売したため」という理由で、県知事から食品衛生法55条1項にもとづき1週間の営業停止命令を出されたとしましょう。このとき、本当は腐った魚など販売していなかったのに、調査員に事実の誤認があり、あなたが腐った魚を販売したものと調査記録に掲載されてしまったようなとき、どのようにして営業停止命令の取消しを求めればよいでしょうか。

食品衛生法55条1項は、「都道府県知事は、営業者が第6条……の規定に違反した……場合……においては、同条第1項の許可を取り消し、又は営業の全部若しくは一部を禁止し、若しくは期間を定めて停止することができる」と定めています。要件は、「営業者が第6条……の規定に違反した……場合」で、効果は、「同条第1項の許可を取り消し、又は営業の全部若しくは一部を禁止し、若しくは期間を定めて停止すること」です。となると、要件を実質的に定めているのは、食品衛生法6条です。「次に掲げる食品……は、これを販売し……又は販売の用に供するために、……陳列してはならない」とあり、1号には、「腐敗し、若しくは変敗したもの又は未熟であるもの」が掲げられています。県知事は、①あなたが腐った魚を販売したという事実を認定した→②その事実は食品衛生法6条1号に該当するので、同法55条1項の要件を満たす→③したがって、同法55条1項にもとづき、あなたにたいして1週間の営業停止命令を発出したわけです。

このプロセスのどこが間違っているかというと、①ですね。実際には腐った魚など販売していないのに、腐った魚を販売したという事実を認定したことは、誤りです。誤った事実にもとづいて法律を適用することは、れっきとした処分の違法事由となりますので、審査請求において、あなたは、「私は腐った魚など販売していない」と主張すればよいのです。

事実認定と法律の解釈

事実認定と法律の解釈は、明確に区別できないときがあります。たとえば、あなたが鮮魚店で売っていたのが「くさや」だったらどうでしょう？　琵琶湖名物の「鮒ずし」だったなら？　何十年、何百年と地域に根ざして食べ継がれてきた「くさや」や「鮒ずし」を売っている店が、「腐った魚を販売したため」という理由で営業停止に追い込まれてしまうのは、どう考えても不合理ですよね。

この問題への1つのありうる解決法は、「発酵食品は、『腐敗し、若しくは変敗したもの』には含まれない」と解釈して、発酵食品を売っても食品衛生法6条1号には該当しない（したがって同法55条の営業停止の要件を満たさない）とするものです。これは、「腐敗」や「変敗」といった概念を具体的にどのように解釈するかという法律の解釈の問題になります。しかし、この解釈には、「腐敗」や「変敗」といった概念についての理解が不明確になるという難点があります。

そこで、立法者は食品衛生法6条1号にただし書を設けて、解釈が不明確になることを避けるという、もう1つの解決法を採用しました。それが、「ただし、一般に人の健康を損なうおそれがなく飲食に適すると認められているものは、この限りでない」という規定です。「食べられるか否か」という事実認定の問題として解決したといってもよいでしょう。このただし書のおかげで、「くさや」や「鮒ずし」はもちろんのこと、納豆を販売しても、明確に、食品衛生法6条1号には該当しないことになるのです。

ただし、「食べられるか否か」というのも、一義的明確に決められるわけではないので、最終的には事実認定の先の、要件裁量の問題です。あらかじめ起こりうるあらゆるケースを想定して条文に書き込むことは不可能なので、法律は、こうした曖昧さから完全に逃れることはできないのです。

行政争訟と事実認定

事実認定と要件裁量の話題について、もう1つ、重要なことを説明します。民事訴訟や刑事訴訟では、事実認定は法律解釈と並んで裁判所の専権です。つまり、先の例でいえば、あなたが販売した食品が実際に腐っていたか否かは、裁判所が判断する事柄です。いかなる事実認定がなされるかによって、法律論に入る前に、訴訟の実質的な決着がついてしまうことも少なくありません（ほとんど事実認定で勝負が決まるという人もいます）。

ところが、行政争訟では、事実認定が要件裁量と分かちがたく結びついている場合があり、事実認定にも裁量を認めているのではないかと考えられることがあります。核原料物質、核燃料物質及び原子炉の規制に関する法律43条の3の6第1項が発電用原子炉設置許可の基準として定める「その者に発電用原子炉を設置するために必要な技術的能力及び経理的基礎があること」（同項2号）、「その者に重大事故……の発生及び拡大の防止に必要な措置を実施するために必要な技術的能力その他の発電用原子炉の運転を適確に遂行するに足りる技術的能力があること」（同項3号）、「発電用原子炉施設の位置、構造及び設備が核燃料物質若しくは核燃料物質によつて汚染された物又は発電用原子炉による災害の防止上支障がないものとして原子力規制委員会規則で定める基準に適合するものであること」（同項4号）について、「技術的能力……があること」とか「災害の防止上支障がないもの……であること」といった安全性にかかわる事実認定がその例です。最判平成4年10月29日民集46巻7号1174頁（伊方原発訴訟）は、「原子炉施設の安全性に関する判断の適否が争われる原子炉設置許可処分の取消訴訟における裁判所の審理、判断は、原子力委員会若しくは原子炉安全専門審査会の専門技術的な調査審議及び判断を基にしてされた被告行政庁の判断に不合理な点があるか否かという観点から行われるべきであって、現在の科学技術水準に照らし、右調査審議において用いられた具体的審査基準に不合理な点があり、あるいは当該原子炉施設が右の具体的審査基準に適合するとした原子力委員会若しくは原子炉安全専門審査会の調査審議及び判断の過程に看過し難い過誤、欠落があり、被告行政庁の判断がこれに依拠してされたと認められる場合には、被告行政庁の右判断に不合理な点があるものとして、右判断に基づく原子炉設置許可処分は違法と解すべきである」としています。

ただし、裁判所が行政の判断について事後的に審理するという行政訴訟とは異なり、審査請求は、行政が行政の判断について事後的に審理する手続です。ですから、行政訴訟のような「一歩引いた」態度が審査請求の場合にもそのままあてはまると考える必要はありません。処分庁の事実認定に誤りがあると考えるのならば、審査請求のなかで積極的に主張していくべきでしょう。

5　信義誠実の原則（信義則）への違反

かなり例外的な局面で、行政庁がある処分を下すことが信義誠実の原則（信義則）に違反するものとして違法とされる場合があります。リーディングケースである最判昭和62年10月30日判時1262号91頁（青色申告事件）は、個人事業を営む原告が青色申告の承認を受けることなく、亡父が青色申告の承認を受けていたためにそのまま青色申告ができるものと考えて、青色申告書による確定申告を続けていたところ（さらには、税務署からも青色申告の用紙が送られ続けていました！）、何年か経ってから税務署長が原告は青色申告の承認を受けていないことに気づいて、更正決定と過少申告加算税の賦課決定を行った事案です。当然、原告は怒って、税務署長は何の異議も挟まずに青色申告として確定申告を受理し続けてきたのであり、今さらさかのぼって効力を否認することは信義則に反し許されないと主張して、更正決定と賦課決定の取消しを求めました。

ところが、最高裁は、「租税法規に適合する課税処分について、法の一般原則である信義則の法理の適用により、右課税処分を違法なものとして取り消すことができる場合があるとしても、法律による行政の原理なかんずく租税法律主義の原則が貫かれるべき租税法律関係においては、右法理の適用については慎重でなければならず、租税法規の適用における納税者間の平等、公平という要請を犠牲にしてもなお当該課税処分に係る課税を免れしめて納税者の信頼を保護しなければ正義に反するといえるような特別の事情が存する場合に、初めて右法理の適用の是非を考えるべきものである」として、信義則の法理が適用される場面はきわめてかぎられると述べました。そして、特別の事情が存するかどうかの判断にあたっては、少なくとも、①税務官庁が納税者にたいし信頼の対象となる公的見解を表示したこと、②納税者がその表示を信頼しその信頼にもとづいて行動したこと、③のちに右表示に反する課税処分が行われ、そのために納税者が経済的不利益を受けたこと、④納税者が税務官庁の右表示を信頼しその信頼にもとづいて行動したことについて責めに帰すべき事由がないことが不可欠のものとして求められるとして、本件では①の公的見解の表示があったとはいえないという理由で、具体的な事案への信義則の法理の適用を否定して、原告の請求を棄却したのです。

民事法関係でも信義則（民法1条2項）への違反はなかなか認定されないのですが、行政法関係では、信義則への違反が認定される場合はさらにかぎられます。これは、法律による行政の原理にもとづき、同じ立場にある者は法律にもとづいて公平に扱われなければならないからです。信頼を保護するというのは、たまたま行政の担当者がミスしたために、その相手方に本当ならば法律上は得られない地位を得ることを認めることなのです。行政法関係において信義則を適用するためには、よほどの事情が介在しなければなりません。最高裁が、少なくとも不可欠のものとして求められるとする①②③④の要素をしっかり主張することが必要です。

【板垣勝彦】

12 処分の不当

1 「違法」と「不当」

行政訴訟の裁量審査においては、「行政裁量の範囲内であり、当・不当の問題はともかく、当該処分が違法であるとまではいえない」という言い回しがよく用いられます。原告の取消請求を棄却するときの常套句です。しかし、行服法にもとづく審査請求では、行政訴訟とは異なり、処分が違法であることだけではなく、処分が不当であることを理由にしても、その取消しを求めることができます（行服法1条1項）。そこで、「処分が違法である」ということと、「処分が不当である」ということのちがいについて考えましょう。

適法・違法というのは、法律に違反するか否かの問題です。それでは、当・不当とは、いかなる問題なのでしょうか。さまざまな見解があるのですが、「政策的にみて妥当であるか否か」の問題として理解するのがよいと思います。

具体的な例で説明しましょう。A市で、新たに市庁舎を建設することになりました。市庁舎の建設は、建設業者との請負契約によって行うのですが、どの建設業者と契約を締結するかについては、「政令で定める場合に該当するとき」を除いて、一般競争入札の方法により選定しなければなりません（地方自治法234条2項）。ところが、A市は「政令で定める場合に該当するとき」でないにもかかわらず、随意契約によって建設業者Bと契約してしまいました。Bとの契約締結は、法律の規定に違反するため、違法です。

これにたいして、新しい市庁舎を現在のものと同じくらいの規模で建てるか、あるいは人口や税収が減っているから規模を縮小するか、それとも高さ2倍のビルにして複合的な機能をもたせるかなどといったことは、政策判断にゆだねるべき事柄です。もしかすると、高さ2倍のビルに建て替えるのは、同市の人口や財政規模に比して不相応であるといった異論が出るかもしれません。しかし、それは適法・違法の問題ではなく、政策判断の問題です。そうした異論は、政治過程のなかで反映させるべきものです。いいかえれば、次の市長選挙や市議会議員選挙のときに、高さ2倍のビルへの建て替えを推進した現職の市長・議員の対立候補が当選するように応援していくのが筋であり、裁判所に訴え出るような性格の争いではありません。

【不当性と違法性の境界】

実際のところ、設例における不当性と違法性の境界は明確ではありません。不相応に豪華な「箱もの」の建設は政策的な当・不当の問題であって適法・違法の問題ではないといっても、あまりに度が過ぎると、最少経費最大効果原則（地方自治法2条14項、地方財政法4条1項）に違反するものとして、違法となりえます。

2 審査請求の特質

ところが、行服法の審査請求では、行政訴訟の局面とは異なり、適法・違法だけではなく、当・不当の問題まで判断を求めることができるのです。審査庁が当該処分を不当であると判断すれば、その取消裁決が下されます。なぜ、行政訴訟と審査請求とで、このようなちがいが設けられているのでしょうか。さしあたり、裁判所と行政の役割分担の観点から説明できると思います。つまり、裁判所はあくまで法律を解釈・適用する機関であって、政策を論じる機関ではありません。これにたいして、審査請求において審理・判断を下すのは行政ですから、まさに行政の役割とされている政策判断を行うことも許容されるのです。

【住民監査請求と住民訴訟】

このような相違は、地方自治法の住民監査請求（同法242条）と住民訴訟（同法242条の2）の間でもみられます。住民監査請求は、行政機関である監査委員にたいして行うものなので、違法もしくは不当な公金の支出、財産の取得・管理・処分、契約の締結等（財務会計上の行為）について監査を求めることが認められています。これにたいして、住民訴訟は、違法な財務会計上の行為についてしか提起することはできません。

しかし、これまでの行政不服審査制度では、不当性を理由に取消裁決が下された例はほとんどないといわれます。さまざまな要因が考えられますが、やはり、①処分庁が一旦下した政策判断について、同じ行政の仲間である審査庁が覆すということに少なからぬ抵抗があるからでしょう。違法＝法律違反のケースでは、客観的な法律のルールに違反しているので、仲間といえども庇《かば》えません（そもそも庇ってはいけないのですが）。しかし、政策判断については、処分庁の面目を潰すようなことは控えたくなるのが人情ではないかと思います。また、②「違法」と「不当」の境界が不明確であることも、不当性を理由に取消裁決が下されることが少ないことの理由であると推測されます。つまり、きわめて「不当」な政策判断にもとづく処分は、「違法」であると評価することも可能だからです（最少経費最大効果原則の例など）。審査庁としては、「きわめて不当」と「違法」という2つの理由づけが考えられる場合、処分庁との軋轢を生みやすい「不当」ではなく、「違法」を理由にすることに傾いてしまうのではないでしょうか。

近年、不当性を理由に職員への分限免職処分を取消した裁決が現れました。事案は、視覚障がいのために休職した職員について、市が職場復帰のための検証作業（パソコンによる文書作成、文書の製本、資料の探索、パンフレットの仕分けなど、視覚障がいになる前の一般事務と同じ内容のもの）を実施したうえで、検証作業の結果、復職は困難と判断して、分限免職を行ったというものです。市の公平委員会は、違法性審査については、裁量権の行使を誤った違法なものであるとはいえないとする一方、不当性審査については、検証はもう少し十分な準備期間を設けて行うべきであったのにこれがなされなかった以上、不当なものと判断せざるをえないとして、分限免職処分を取消しました（障害と人権全国弁護士ネット『障がい者差別よ、さようなら！　ケーススタディ障がいと人権2』生活書院（2014）128頁以下）。この裁決は、従来の傾向にとらわれることなく、不当性を理由に処分を取消した点で注目されます。しかし、個別事情が十分に考慮されていなかったとして、裁量の逸脱・濫用を理由に違法であると言明することも十分に可能な事案であったと思われます。「違法」と「不当」の境界は不明確なのです。

3 処分の不当が主張される具体的な事例

こうした事情もあり、処分の不当を主張する具体的な事例というのは、説明しづらいところがあります。先ほど例にあげた市庁舎の建設のような公金の不正支出が疑われる局面では、行政活動の不当性を正面から主張しやすいのですが、審査請求の枠組みには乗せづらいのです（なお、市庁舎の建設の事例では、住民監査請求を通じて、建設業者Bとの間の契約履行や公金支出の差止めを求めることで、不正をただすことが可能です）。とりわけ、処分が「適法ではあるが不当である」として取消される事例は、あまり想定できません。

国税不服審判所が平成22年12月1日に出した裁決（裁決事例集81集339頁）は、帳簿書類の備付け、記録および保存を財務省令に従って行っていなかった不備を理由になされた青色申告承認取消処分について、①審査請求人は取引の記録を伝票には残しており、その不備の程度は甚だ軽微であると認められること、②伝票のほか、通帳および領収書を集計して計算した各年分の所得金額は十分正確性が担保されているから、申告納税にたいする信頼性が損なわれているとまではいえないことなどをあげ、不当であるとして取消しています（三木義一「国税不服審判所制度と「不当」を理由とする救済」水野武夫先生古稀『行政と国民の権利』法律文化社（2011）746頁）。

それ以外に強いて事例をあげるならば、育休退園について、退園処分が不当であることを理由に取消しを求めるケースでしょうか。育休退園とは、2人目の子どもを出産し育児休業を取得した場合には、すでに保育園に通っている1人目の子を退園させるという地方公共団体の運用のことです。他に待機児童がいる以上は、1人目の子の面倒を育休中の親がみることができるならば、退園してもらおうという趣旨から行われます。ただし、1人目の子どもが就学間近の年齢になっている場合には、退園させるのは子どもの生育上好ましくないので、地方公共団体ごとに、「1人目の子どもが3歳以下のとき」などといった年齢条件が定められています。これについて、育児休業中は親が家庭にいる以上、児童福祉法24条1項および子ども・子育て支援法施行規則1条にいう「保育を必要とする場合」であるとはいえず、退園処分が法律違反であると主張するのは難しいとも思われます（もちろん、法律違反という主張の仕方がまったく的外れというわけではありません）。むしろ、待機児童のことを考えると、退園処分こそ、平等原則に適う適法な運用であるともいえます。しかし、政策的にみたとき、育休退園が妥当であるかについては、多くの異論があるところです。退園処分は、「適法ではあるが不当である」と判断される可能性があります。

【板垣勝彦】

13 行政手続法上の違法（手続的違法）、不作為の違法、教示の違法

1 手続的違法とは

行政庁が処分を行う際にふむべき手続をふんでいない場合、その処分には手続的瑕疵があるとして、処分の違法事由となる場合があります（「瑕疵」というのは、キズのことです。手続的瑕疵というときは、手続に不備がある状態のことを指します）。みなさんが処分を受けたとき、これから説明する手続が行われていないと感じたならば、審査請求の際に主張してください。ここでは、手続的な違法事由を主張する際の留意点について、「申請にたいする処分」と「不利益処分」の場合に分けて、説明します。

はたして、手続的違法が処分の取消しの原因となりうるのかについて、判例の立場は明確ではありません。ふむべき手続を省略していたとしても、手続をやりなおすまでの必要はないとも考えられるからです。個人タクシー事件（最判昭和46年10月28日民集25巻7号1037頁）は、申請者にたいする意見聴取手続の瑕疵について、群馬中央バス事件（最判昭和50年5月29日民集29巻5号662頁）は、審議会手続の瑕疵について、いずれも、結果に影響を及ぼす可能性がある場合に処分の取消しの原因となるとしています。これにたいして、理由の提示の不備につ

いては、判例は一貫して（直近のものでは、最判平成23年6月7日民集65巻4号2081頁）、処分の取消しの原因となるとしています。

処分を行う際にふむべき手続については、平成5年に行政手続法（行手法）が制定され、各地方公共団体の行政手続条例がこれに続いたことに注意する必要があります。それまでは、行政庁が処分を行う際にふむべき手続は、各個別法のなかでそれぞれに規定されていました。しかし、全体的に統一感を欠いていたことなどがあり、「正しい手続からこそ、正しい処分が生まれる」という適正手続の考えの高まりにあわせて、行政通則法としての行手法が制定されたわけです。この動きにかんがみると、個人タクシー事件や群馬中央バス事件の当時よりも、手続的違法が処分の取消しの原因となるという考えかたは、いっそう強まっていると思われます。

なお、処分を行う際に、常に行手法が適用されるわけではありません。行手法はあくまで一般法ですので、たとえば、生活保護法62条3項にもとづく保護廃止決定に際しては、聴聞ではなく弁明の機会の付与で済まされるなど（同条4項、5項参照）、各個別法に独自の規律が置かれている場合には、行手法の適用は除外されます。そのため、個別法の規定を注意深く読み込むことが重要です。

また、屋外広告物の撤去命令など、法律ではなく条例に処分の根拠が置かれている場合には、ふむべき手続も、行手法ではなく行政手続条例に従った内容になります。ただし、大部分の内容は行手法と行政手続条例で共通しているので、ここでは、行手法を例に説明します。

2 申請にたいする処分

申請とは

最初に、「申請」という概念を押さえましょう。申請とは、国民が行政庁にたいして許可、認可、免許その他の自己にたいして何らかの利益を付与する処分（許認可処分等）を求める行為のことを指します（行手法2条3号）。営業許可の申請が典型的です。

行政庁には、申請にたいして応答する義務があります（同号）。申請が事務所に到達したときは、遅滞なく審査を開始して（同法7条）、しかるべき期間内に応答しなければなりません。応答として、許可処分もしくは不許可処分（拒否処分）が行われます。

あなたが申請者の場合、許可が得られれば、行政にたいして不満は生じないでしょう。ところが、許可が得られず、不許可処分が下されたならば、そのことにたいして不満をもち、審査請求を行うことになります。

では、あなたが申請者以外の第三者である場合には、自分に関係のないことなので、何の不満も生じないのでしょうか。かならずしもそうではありません。あなたの自宅近くに産業廃棄物処理場の建設が予定されて、その設置許可処分が廃棄物処理業者にたいして出されたようなときは、あなたも設置許可処分が下されたことに利害関係をもち、不満をもつことがありえます。このように、申請にたいする処分においては、「誰の申請にたいする許可処分・不許可処分なのか」を押さえることが重要です。

【届出】

申請とは異なり、法律上の効果を発生させるために行政庁の諾否の応答を必要としないものを、届出と呼びます（行手法2条7号）。そうである以上、形式上の要件を備えた届出書の提出さえ済ませれば、自己の期待する一定の法律上の効果を得ることができます。たとえば、探偵業の業務の適正化に関する法律4条1項は、探偵業を営もうとする者に都道府県公安委員会への届出を義務づけていますが、この届出が形式上の要件さえ備えていれば、探偵業を適法に営むことができるのです。

ところが、かつての実務では、届出がなされても窓口で「不受理」とする取り扱いがなされていたといわれます。いまだ受理されていないので、法律上の効果は発生しないというのです。しかし、行手法は「受理（不受理）」なる概念を否定して、届出義務は、法令により当該届出の提出先とされている機関の事務所に到達したときに、当該届出をすべき手続上の義務が履行されたものとする」と定めたため（同法37条）、もはやこのような事態は起こりえません。

ただし、判例・実務上、住民基本台帳法38条1項にもとづく転入届の「不受理」にたいしては、取消訴訟が認められており（最判平成15年6月26日判時1831号94頁・オウム真理教転入届不受理事件）、審査請求も可能です。用語法が不適切なのですが、この場合の転入届は行手法にいう「届出」ではなく「申請」であり、「不受理」は申請にたいする不許可のことです。

ところで、実務上は、戸籍法上の出生届がなされると住民票の記載が行われる取り扱いになっていますが、これについては、住民基本台帳法上、出生した子について住民票の記載という職権発動をすることを求める申出にすぎず、「申請」には該当しないと考えられます（最判平成21年4月17日判時2055号35頁参照）。

審査基準

一体、自分は申請のときまでに何をどこまで準備すれば許認可が得られるのか、申請者が事前にその基準を知ることができれば、これ以上望ましいことはありませんよね。みなさんが資格試験を受けるときに、あらかじめ試験の出題範囲や採点基準が公表されている局面を想起してください。資格試験の前日までに、その出題範囲の傾向や採点基準にあわせた準備をしていくことでしょう（予測可能性の保障）。それに、あらかじめ内部の基準が設定されていれば、行政庁の恣意的な判断を防ぐことができます。このことは、申請がなされたときにすでに基準が設定されている場合と、申請がなされた後に一から基準をつくって審査を始める場合とを比較すれば、明らかでしょう（行政の透明性の確保）。本書138頁に掲げた和歌山県条例が、審査基準の典型です。

このような趣旨で、行政庁は、許認可等をするかどうかを判断する基準（審査基準）をあらかじめ設定しておかなければならず（同法2条8号ロ、5条1項）、行政上特別の支障があるときを除いて、この審査基準を公表しておかなければならないとされています（同法5条3項）。

【個人タクシー事件】

審査基準の設定に大きな影響を与えたのが、個人タクシー事件（最判昭和46年10月28日民集25巻7号1037頁）です。新規の個人タクシー営業免許の申請を却下された原告からの取消請求について、最高裁は、当時の道路運送法6条は抽象的な免許基準を定めているにすぎないのであるから、内部的にせよ、さらに、その趣旨を具体化した審査基準を設定し、これを公正かつ具体的に適用しなければならないこと、とくに基準の内容が微妙、高度の認定を要するようなものである等の場合には、右基準を適用するうえで必要とされる事項について、申請人にたいし、その主張と証拠の提出の機会を与えなければならないことを述べたうえで、「免許の申請人はこのような公正な手続によって免許の許否につき判定を受くべき法的利益を有するものと解すべく、これに反する審査手続によって免許の申請の却下処分がされたときは、右利益を侵害するものとして、右処分の違法事由となる」として、申請却下処分を取消しました。

これは手続的違法の問題ではなく実体的違法の問題なのですが、裁判所が行政裁量の違法性を審査する際には、①行政庁が裁量権の行使に際して依拠した審査基準それ自体の合理性、および、②審査基準へのあてはめの合理性について審査するものとされており（最判平成4年10月29日民集46巻7号1174頁）、審査請求における審理員の判断もこのような手法によることが考えられるので、審査基準は重要です。審査請求人の立場でみると、①そもそも行政庁が判断に際して依拠した審査基準の内容自体が妥当ではないこと、②かりに審査基準の内容が妥当であっても、行政庁が当該事案を審査基準にあてはめる仕方が不合理であったことを、2段構えで主張することになります。審査基準は原則として公表されていますから、みなさんが不許可処分の違法を主張する際には、審査基準を熟読して、違法性を主張する重要な手がかりとしましょう。

行政庁が審査基準を設定するときは、事前に意見公募手続（パブリック・コメント）に付さなければなりません（行手法39条以下）。意見公募手続に付さずに設定した審査基準にもとづいて下された不許可処分は、手続的にみて違法になります。意見公募手続には付したものの、提出された意見を十分に考慮せずに審査基準が設定された場合も同様です（行手法42条）。ただし、考慮義務を尽くしていないことを立証するのは容易ではありません。

理由の提示

申請者が拒否処分の違法性を主張するときに、一体自分はいかなる理由によって拒否処分がなされたのか、その理由を知ることができれば、処分の違法性を主張する手がかりとなり、非常に便利です。そこで行手法8条1項は、行政庁が拒否処分をする場合には、同時に当該処分の理由を示すことを義務づけています。拒否処分を書面でするときには、理由を書面で示さなければなりません（同条2項）。

行手法が拒否処分と同時に理由の提示を求めている趣旨は、このような（A）申請者にとっての不服申立ての便宜のほかに、（B）行政庁の判断の慎重と公正妥当を担保してその恣意を抑制することにあるとされています。行手法が制定された平成5年以前の事案ですが、最判昭和60年1月22日民集39巻1号1頁は、旅券法14条が一般旅券発給拒否通知書に拒否の理由を付記すべきものとした趣旨を（A）（B）に求めたうえで、「いかなる事実関係に基づきいかなる法規を適用して一般旅券の発給が拒否されたかを、申請者においてその記載自体から了知しうるものでなければならず、単に発給拒否の根拠規定を示すだけでは、それによって当該既定の適用の基礎となった事実関係をも当然知りうるような場合を別として、旅券法の要求する理由付記として十分でないといわなければならない」として、根拠規定のみを示してなされた発給拒否処分を取消しています。単に根拠規定を示すだけでは、理由付記としては不十分なのです。

東京高判平成13年6月14日訟月48巻9号2268頁は、中国の医学校を卒業した原告が、日本の医師国家試験受験資格の認定申請を行ったところ、厚生大臣により却下されたため、その取消しを求めた事案です。却下処分には、「貴殿の医学に関する経歴等からみて」という理由のみが記されていました。東京高裁は、「当該処分に付すべき理由は、いかなる審査基準を適用して当該処分を行ったかを、申請者においてその記載自体から了知しうる程度に記載することを要する」としたうえで、厚生大臣は原告にたいして審査基準を公表しておらず、また法律上義務づけられている理由の提示も行わずに処分を行っており、このような行手法の規定する重要な手続を履践しないで行われた処分は、当該申請が不適法なものであることが一見して明白である等の特段の事情がある場合を除いて、違法な処分として取消しを免れないとしました。最判昭和60年1月22日が「いかなる法規を適用して……」としていた点について、「いかなる審査基準を適用して当該処分を行ったかを、申請者においてその記載自体から了知しうる程度に記載することを要する」とした点が注目されます。全般的に、判例は、理由の付記の不備は処分の取消しをもたらすと考える傾向があるので、審査請求においても違法事由として主張する価値は十分にあるでしょう。

標準処理期間

行政庁は、申請者が今後の見通しをつけられるように、申請を審査して許可・不許可の応答をするまでに通常要すべき標準的な期間（標準処理期間）を公表しておかなければならないとされています（同法6条）。しかし、標準処理期間はあくまで目安ですので、1日や2日くらい遅れた程度で瑕疵が認定されることはありません。もちろん、設定された標準処理期間をあまりに過ぎてなされた処分は、手続的な瑕疵として違法となります。しかし、標準処理期間を過ぎてなされた不許可処分について申請者が審査請求を行ったとしても、処分庁における審査の内容が変わるわけではありませんので、かりに請求認容裁決が得られたところでその後の処分庁の判断が覆る見込みは薄いと思われます。処分の遅延は、処分の取消しを求めることでは解決されないのです。

標準処理期間を徒過したことの手続的違法は、審査請求ではなく、国家賠償請求訴訟において主張すべきでしょう。つまり、たとえ許可処分が得られたとしても、標準処理期間を徒過したことで、その間に本当ならば得られるはずであった利益が得られなかったことの逸失利益や、返答を待たされたことによる精神的損害について、賠償を求めることが考えられます。不許可処分の場合であっても、精神的損害を請求することは可能です。

なお、標準処理期間をはるかに過ぎてもまだ行政庁から申請にたいする応答がなされていない場合には、不作為についての審査請求（行服法3条）を提起することができます（⇒「4　不作為の違法」）。

3　不利益処分

概　要

行政庁が直接に国民の権利を制限し、または義務を課す処分のことを、不利益処分と呼びます（行手法2条4号）。業務改善命令、営業停止処分、営業許可の取消処分、違法建築物の除却命令などが典型的です。不利益処分が下されたみなさん自身が、その取消しを求めて審査請求を行うことになります。

処分基準

行政庁が不利益処分を下す場合、そもそも処分をするかどうか、またはどのような内容の処分をするかについてあらかじめ内部の基準が設けられていれば、行政庁の恣意的な判断を防ぐことができます。そこで、行手法は、行政庁にたいして、不利益処分をするかどうか、またいかなる不利益処分をするかについて判断するための基準をあらかじめ設定し公表するように努めることを義務づけました。この基準を処分基準と呼びます（同法2条8

号ハ、12条1項）。

行政庁の従うべき基準という意味で、審査基準と処分基準は非常に似ています。ただし、処分基準の設定・公表は、審査基準の場合とは異なり、努力義務にとどめられています。処分の相手方にたいする予測可能性の保障という観点からは、処分基準も設定・公表を義務づけるべきと思われるのに、なぜでしょうか。これについては、①不利益処分の実例が少なく、基準を設定するほどの蓄積がないこと、②あらかじめ行政の手の内を知らせてしまうと、巧みに処分基準をすり抜ける者が現れかねないことが、理由としてあげられています。みなさんが大学の授業を受けていて、担当の教員から、「この授業では3回欠席したら単位認定しない」といわれていたとき、「それならば2回までは欠席しても大丈夫なのだな」と思われては困るという趣旨です。

ただし、道路交通法１０３条、同法施行令38条5項および別表第3が採用する自動車運転免許の停止・取消処分の点数制のように、処分基準がきわめて明確に公表されている場合もあります。これは、処分の相手方が大量に発生し、かつ違反の態様が定型的であるため、行政として公平・公正に対処する必要があるからです。

【道路交通法（昭和35年法律第１０５号）】

第１０３条　免許……を受けた者が次の各号のいずれかに該当することとなつたときは、その者が当該各号のいずれかに該当することとなつた時におけるその者の住所地を管轄する公安委員会は、政令で定める基準に従い、その者の免許を取り消し、又は6月を超えない範囲内で期間を定めて免許の効力を停止することができる。……

1号～4号　略

5号　自動車等の運転に関しこの法律若しくはこの法律に基づく命令の規定又はこの法律の規定に基づく処分に違反したとき……

（6号以下、第2項以下は略）

【道路交通法施行令（昭和35年政令第２７０号）】

第38条第5項　免許を受けた者が法第１０３条第1項第5号から第8号までのいずれかに該当することとなつた場合についての同項の政令で定める基準は、次に掲げるとおりとする。

1号　次のいずれかに該当するときは、免許を取り消すものとする。

イ　一般違反行為をした場合において、当該一般違反行為に係る累積点数が、別表第3の一の表の第一欄に掲げる区分に応じそれぞれ同表の第二欄、第三欄、第四欄、第五欄又は第六欄に掲げる点数に該当したとき。

ロ　別表第4第1号から第3号までに掲げる行為をしたとき。

2号　次のいずれかに該当するときは、免許の効力を停止するものとする。

イ　一般違反行為をした場合において、当該一般違反行為に係る累積点数が、別表第3の一の表の第一欄に掲げる区分に応じそれぞれ同表の第七欄に掲げる点数に該当したとき。

ロ　別表第4第4号に掲げる行為をしたとき。

ハ　法第１０３条第1項第8号に該当することとなったとき。

【別表第3（第33条の2、第37条の8、第38条、第40条関係）】

一　一般違反行為をしたことを理由として処分を行おうとする場合における当該一般違反行為に係る累積点数の区分

第一欄	第二欄	第三欄	第四欄	第五欄	第六欄	第七欄
前歴がない者	45点以上	40点から44点まで	35点から39点まで	25点から34点まで	15点から24点まで	6点から14点まで
前歴が1回である者	40点以上	35点から39点まで	30点から34点まで	20点から29点まで	10点から19点まで	4点から9点まで
前歴が2回である者	35点以上	30点から34点まで	25点から29点まで	15点から24点まで	5点から14点まで	2点から4点まで
前歴が3回以上である者	30点以上	25点から29点まで	20点から24点まで	10点から19点まで	4点から9点まで	2点又は3点

やはり手続的違法の問題ではなく実体的違法の問題なのですが、裁判所が行政裁量の違法性を審査する際には、①行政庁が裁量権の行使に際して依拠した処分基準それ自体の合理性、および、②処分基準へのあてはめの合理性について審査することになると考えられ、おそらく審査請求の場合も同様の審理が行われます。審査請求人の立場でみると、①そもそも行政庁が依拠した処分基準の内容自体が妥当ではないこと、②仮に処分基準の内容が妥当であっても、行政庁が当該事案を処分基準にあてはめる仕方が不合理であったことを2段構えで主張することになります。処分基準は審査基準とは異なり設定・公表が義務づけられているわけではありませんが、もし処

分基準が公表されている場合には、不利益処分の違法を主張する手がかりとして、処分基準を十分に活用してください。

行政庁が処分基準を設定するときは、審査基準の場合と同様、事前に意見公募手続（パブリック・コメント）に付さなければなりません（行手法39条以下）。意見公募手続に付さずに設定した処分基準にもとづき下された不利益処分は、手続的にみて違法になります。意見公募手続には付したものの、提出された意見を十分に考慮せずに処分基準が設定された場合も同様です（行手法42条）。ただし、処分基準の公表は努力義務にとどまるため、非公表の場合、そもそもいかなる内容の処分基準が設定されたのか確かめることができないこともありえます。

【行政計画や条例への審査請求】

なお、地方公共団体の条例によっては、審査基準および処分基準を設定する場合だけではなく、行政計画の策定についてもパブリック・コメントに付す決まりになっていることがあります。このような条例が定められているにもかかわらず、パブリック・コメントを行わずに行政計画を策定したような場合、手続的に瑕疵を帯びます。

ただし、適法な審査請求を行うためには、当該行政計画が、審査請求の対象となる行政庁の「処分その他公権力の行使」（行服法1条2項）でなければいけません。行政計画の場合に、「処分その他公権力の行使」としての性格（処分性）が認められるか否かはケース・バイ・ケースです。

このことは、条例を制定する際に条例案をパブリック・コメントに付すことが義務づけられている場合も同様です（条例制定行為それ自体に処分性が認められるケースは最判平成21年11月26日民集63巻9号2124頁など非常に稀ですが、違法な手続で制定された条例にもとづき個別に下された処分の違法性を主張することは可能です）。ただし、条例制定の場合は、条例案が議会で可決・成立することで、手続的な瑕疵が事後的に治癒されたと考える余地もあります。

聴聞と弁明の機会の付与

行政庁が不利益処分をしようとする場合、処分の程度が重いときは処分の相手方の聴聞を行わなければならず、処分の程度が軽いときは処分の相手方に弁明の機会を付与しなければなりません（行手法13条1項）。処分の相手方にたいして、いかなる処分が下されようとしているのかについて告知し、十分に事情を聴収することなしに、不利益処分を下してはならないのです（告知と聴聞の保障）。

しばしば、営業停止処分は弁明の機会の付与で足りるのにたいして、営業許可の取消しには聴聞を経ることが要求されるといわれます。手続上の最大の違いは、弁明の機会が原則として書面審理であるのにたいして（同法29条1項参照）、聴聞では口頭審理が実施される点です。それ以外にも、聴聞では、当事者や利害関係人にたいして、行政庁が行った事案についての調査結果の調書その他不利益処分の原因となる事実を証する資料について、閲覧が認められています（同法18条1項）。処分の程度が軽い場合は簡略な手続で足りるけれども、処分の程度が重い場合は慎重な手続が要請されるという趣旨です。

今般の行服法改正で導入された審理員制度は、聴聞における主宰者の制度をモデルとしたといわれています。

理由の提示

処分の相手方が不利益処分の違法性を主張するときに、一体自分はいかなる理由によって不利益処分がなされたのか、その理由を知ることができれば、不服申立てにおける違法性主張の手がかりとなり、非常に便利です。そこで、行政庁が不利益処分をする場合には、同時に当該処分の理由を示さなければならないとされています（行手法14条1項）。不利益処分を書面でするときには、理由を書面で示さなければなりません（同条3項）。

理由の提示が要求される趣旨は、申請にたいする拒否処分の場合と同様で、こうした（A）処分の相手方にとっての不服申立ての便宜のほかに、（B）行政庁の恣意的な判断の抑制にあります。

それでは、行政庁にはどの程度の理由の提示が求められるのでしょうか。一級建築士免許取消し処分にかかる最判平成23年6月7日民集65巻4号2081頁は、①当該処分の根拠法令の規定内容、②当該処分にかかる処分基準の存否および内容ならびに公表の有無、③当該処分の性質および内容、④当該処分の原因となる事実関係の内容等を総合考慮して決定すべきであり、処分基準が設定・公表されている場合には、処分の原因事実および根拠法条に加えて、処分基準の適用関係まで示されなければ、いかなる理由にもとづいてどのような処分基準の適用によって当該処分が選択されたのかについて処分の相手方は知りえないので、行手法14条1項の定める理由提示の要件を欠いた違法な処分となると判示しています。みなさんが理由として示された記載それ自体から、なぜ自分が当該不利益処分を下されたのか理解できないようなときは、理由の提示として不十分であるといってよいでしょう。

―― 4　不作為の違法 ――

不作為についての審査請求も、手続的違法の一種です。通常、単に審査請求というときは、処分の取消しを求める審査請求（行服法2条）のことを指します。たとえば、許可処分を求めて申請をしたのに、不許可処分がなされたため、不許可処分を取消してもらうように、審査庁に求めるわけです。ところが、法令にもとづき行政庁にたいし処分についての申請をして、当該申請から相当の期間が経過したにもかかわらず、行政庁が何らの処分もしないで放置している場合、不満の対象となる処分がそもそも存在しません。そこで用意されたのが、不作為についての審査請求です。不作為についての審査請求に理由がある場合、審査庁は、裁決で、当該不作為が違法または不当である旨を宣言します（行服法49条3項）。不作為庁は、これに従って、審査請求人にたいして何らかの応答をしなければなりません。

不作為が違法か否かを判断するうえでは、標準処理期間（行手法6条）が大きな目安となります。標準処理期間を過ぎていることは、違法事由として積極的に主張すべきでしょう。ただし、標準処理期間を少々経過した程度では、違法であるとは認定されないかもしれません。

審査請求人が不作為の審査請求を行う本来の目的は、申請にたいする応答の遅れを違法であると宣言してもらうことではなく、申請にたいする許可を得ることのはずです。当該不作為が違法または不当である旨を宣言する裁決が下されただけでは、不作為庁は何らかの応答をすればこの裁決に従ったことになり、応答として不許可処分をすることも妨げられません。返事を遅らせておいて不許可処分を下すというのは、何とも腹立たしく感じられますが、そのようなしくみなので、仕方のないことです。不作為の違法宣言裁決の後に不許可処分がなされた場合、審査請求人としては、不許可処分の取消しを求めてあらためて審査請求をする必要があります。しかし、このような解決方法は非常に迂遠《うえん》です。

そこで、改正法では、争訟の1回的解決の観点から、審査庁が不作為庁の上級行政庁であるときは、当該不作為庁にたいし、当該処分をすべき旨を命ずることが（行服法49条3項1号）、審査庁が不作為庁自身であるときは、当該処分をすることが（同項2号）、定められました。ただし、諸事情を考慮して、審査庁が裁決で不作為が違法・不当である旨の宣言をして、不作為庁の事務処理を促すにとどめることも許容されています（同項本文）。

5 教示の違法

国民にとっては、行政不服申立てのしくみは複雑でわかりにくいものです。そこで、行政庁にも、処分の相手方にたいして不服申立てについて情報を提供することが義務づけられています。これを教示と呼びます。

行政庁は、処分を口頭でする場合を除いて、審査請求などの不服申立ての対象となる処分をする場合には、処分の相手方にたいし、①当該処分について不服申立てをすることができる旨、②不服申立てをすべき行政庁、③不服申立てをすることができる期間を書面で教示しなければなりません（行服法82条1項）。ただし、これだけでは処分の相手方以外の者にはその処分について不服申立てをすることができるか否かなど知りようがないので、行政庁は、利害関係人から①②③について教示を求められたときも、これに応じる義務があります（同条2項）。

①について、そもそも教示自体がなされなかった場合、処分に不服がある者は、どうやって不満を表明すれば

よいのかわかりません。となると、なにはともあれ当該処分を行った処分庁を窓口にして、不満を表明できることにしておけばよいでしょう。行政庁が教示をしなかった場合には、当該処分について不服がある者は、処分庁に不服申立書を提出することができるとされています（行服法83条1項）。処分庁に不服申立書が提出されたときは、処分庁は、当該不服申立書をすみやかに正しい提出先である行政庁に送付しなければなりません（同条3項）。この場合、初めから正しい提出先である行政庁に不服申立てがなされたものとみなされます（同条4項）。

②については、不服申立てをすべき行政庁について間違えた教示がなされて、みなさんがその教示を信用してしまったりすると、本来審査請求をすべきでない行政庁に審査請求をすることが起こりえます。これは手続的瑕疵の一種ですが、このようなとき、審査請求書の提出を受けた行政庁には、その審査請求書を処分庁または審査庁となるべき行政庁に送付する義務が課されます（行服法22条1項）。処分庁に送付された場合、そこからあらためて審査庁となるべき行政庁に送付されます（同条2項）。そして、初めから正しい提出先に審査請求がなされていたものとみなされるのです（同条5項）。

③について、不服申立てをすることができる期間（審査請求期間）は、処分があったことを知った日の翌日から起算して3か月とされていますが（行服法18条1項）、処分庁がこの期間を間違えて教示したときは、どのように解決すればよいでしょうか。この点、行服法18条1項ただし書は、「ただし、正当な理由があるときは、この限りでない」と定めて、「正当な理由」があるときは、審査請求期間の例外を認めています。処分庁が誤って3か月よりも長い期間を審査請求期間として教示した場合に、その教示された期間内に審査請求がされたような場合は、「正当な理由」があるものとして扱われます。

【板垣勝彦】

14 裁決にたいする不服申立ての方法（行政不服審査法上の違法）

1 裁決に不満がある場合

審査請求の結果、審査庁から出されるのが、裁決です（行服法44条以下）。訴訟における判決のようなものと考えてください。請求認容裁決ならば審査請求人であるみなさんも不満をもたないと思いますが、請求棄却裁決ならば不満をもつでしょう。さて、実はこの裁決も、審査庁という行政庁が行う行政処分なのです。となると、審査請求の結果として出された裁決にたいして、あらためて審査請求を行うことも可能なように思われます。しかし、そのようなことを許すと、審査請求人は裁決に不満があるかぎり永遠に審査請求を繰り返すことが可能になってしまい、いつまで経っても紛争が解決しません。そこで、行服法7条1項12号は、「この法律に基づく処分」にたいする審査請求はすることができない旨を定めています。

それでは、みなさんが請求棄却裁決にたいしてどうしても不満があるという場合、どのようにすればよいのでしょうか。実は、審査請求はできなくても、裁決について取消訴訟を提起することは認められています。つまり、行政にたいして審査請求をしても主張が聞き入れられず、請求棄却裁決が下された場合には、裁判所に請求棄却裁決の取消しを訴え出ることが許されているのです。

２　原処分をとらえるか裁決をとらえるか

しかし、ここで注意しなければならないことがあります。かりに請求棄却裁決にたいする取消訴訟が認容されたとしても、みなさんが審査請求を申し立てた本来の目的は達成されないことがほとんどなのです。それは、裁決の取消訴訟のなかでは、原告は、「裁決固有の瑕疵」しか主張することができないからです。一体、どのようなことなのか説明しましょう。

みなさんが食品衛生法にもとづく飲食店の営業許可を申請したところ、不許可処分が下されたという事例で説明します。このようなとき、不許可処分のことを「原処分」と呼びます。原処分に不満がある場合、みなさんは行服法にもとづく審査請求をするか、それとも行訴法にもとづく取消訴訟をするか、自由に選ぶことができます（自由選択主義）。ただし、ここでは、審査請求を先に行ったのだけれども請求棄却裁決が下されたということで、裁決の取消訴訟を提起する場合について考えましょう。

となると、①原処分→②審査請求の裁決（請求棄却）→③裁決の取消訴訟の提起という時系列をたどるわけです。このとき、原処分（①）も裁決（②）も処分性を有する行為なので、いずれについても取消訴訟を提起することが可能なのですが、裁決の取消訴訟（③）のなかでは、裁決固有の瑕疵しか主張することができず、原処分に付着した瑕疵について主張することはできないことになっているのです。このことを定めた行訴法10条２項は、「処分の取消しの訴えとその処分についての審査請求を棄却した裁決の取消しの訴えとを提起することができる場合には、裁決の取消しの訴えにおいては、処分の違法を理由として取消しを求めることができない」としています。

3　裁決固有の瑕疵

裁決固有の瑕疵というのは、具体的にはどのようなものを指すのでしょうか。おおむね、この本で説明されている行服法の審理手続のルールに審査庁が違反している場合であると考えて構いません。具体的には、原処分に関与した者など、審理員になってはいけない者が審理員になっていた場合（行服法9条2項1号）、処分庁から提出された弁明書が審査請求人に送付されなかった場合（行服法29条5項）、審査請求人が所定の期間内に反論書を提出したにもかかわらず、審理員に受け取ってもらえなかった場合（行服法30条1項）、審査請求人が口頭意見陳述の申立てをしたにもかかわらず、正当な理由なく口頭意見陳述の機会が与えられなかった場合（行服法31条1項）、審査請求人に、正当な理由なく、提出書類の閲覧・謄写が認められなかった場合（行服法38条1項）、除外事由に該当していないのに、行政不服審査会・第三者機関への諮問が行われなかった場合（行服法43条1項）、6か月の標準審理期間が定められていたにもかかわらず、だらだらと審理が引き延ばされて、1年経ってようやく裁決が下されたような場合（行服法16条）などが考えられます。

【審理手続のなかで行われる決定にたいする不服申立て】

審理員の審理手続のなかで、審理員が決定を下すことがあります。口頭意見陳述をしない旨の決定（行服法31条1項）、補佐人の付添いを許可しない旨の決定（同条3項）、申立人の処分庁等にたいする質問を許可しない旨の決定（同条5項）、物件提出要求をしない旨の決定（行服法33条）、参考人の陳述・鑑定をしない旨の決定（行服法34条）、検証をしない旨の決定（行服法35条）などです。観念的には、審理手続のなかで行われる決定も「行政庁の処分その他公権力の行使」（行服法1条2項）といえるのですが、いちいちそれにたいする審査請求を認めていると、そのつど審理手続がストップし、全体の手続が複雑・長期化することから、行服法7条1項12号は、「この法律に基づく処分」にたいする審査請求を認めないこととしました。そのため、審理手続のなかで行われる決定にたいして不満がある場合には、最後に下される裁決について取消訴訟を提起して、その違法事由として裁決固有の瑕疵を主張してもらうという解決方法がとられています。

これらは、決して重要でないとはいえない事由なのですが、営業許可がほしいというみなさんの本来の希望を叶えることからは、やや隔たりがあります。裁決が適正な審理手続を経て下されたことが認定されてしまえば、裁決の取消裁決は下されることがありませんし、何よりも、かりに裁決について取消裁決が下されたとしても、その拘束力は適正な手続によってもう一度審査請求をやりなおすことに及ぶだけで、直接原処分が取消されることはないからです。

もちろん、瑕疵の重大性によって、やりなおされた審査請求の結論が変わることはありえます。審理員の除斥事由への違反（行服法9条2項1号）や行政不服審査会等への諮問の懈怠《けたい》（行服法43条1項）などは重大な瑕疵ですので、審理を適正な手続でやりなおせば、今度は請求認容裁決が下される可能性も小さくはありません。しかし、標準審理期間（行服法16条）の徒過を理由に裁決が取消されて、もう一度審理をやりなおすとしても、おそらく同じ結論が下されるだけでしょう（これは、標準審理期間の定めが大した意味をもたないという趣旨ではなく、標準審理期間の定めの性質上、仕方のないことです）。

4 原処分主義と裁決主義

したがって、ほとんどの場合、原処分の違法を訴えたいときは、原処分（①）について、取消訴訟を提起する必要があります。これを原処分主義と呼びます。原処分主義が採用されている理由は、おそらく、裁判所にとって手続の複雑化を防ぐためだと思われます。

どういうことかというと、原処分（①）の違法を訴えるときに原処分（①）と裁決（②）の両方にたいする取消訴訟を認めることにすると、裁決の取消訴訟が、原処分の瑕疵を争う部分と裁決固有の瑕疵を争う部分に分解されることになり、複雑になるからです。それならば、原処分の取消訴訟では原処分の瑕疵を、裁決の取消訴訟では裁決固有の瑕疵のみを争うしくみにしたほうが、混乱が生じずスッキリしますよね。

処分によっては、例外的に裁決主義がとられている場合があります。納税者が固定資産課税台帳に登録された価格に関して不服がある場合、固定資産評価審査委員会にたいして審査の申出をすることができますが、審査の申出を受けた固定資産評価審査委員会が行った決定にたいしても不服がある場合には、この決定をつかまえて取消訴訟を提起することが求められます（地方税法434条1項）。なお、納税者が固定資産課税台帳の登録価格について争う場合には、固定資産評価委員会にたいする審査の申出を経由してからでなければ、裁判所に訴え出ることはできません（同条2項参照）。このように、裁決主義がとられている場合のほとんどは、不服申立前置が義務づけられています（電波法96条の2、特許法178条6項、土地改良法87条10項、弁護士法16条3項・61条2項など）。

これならば、裁判所にとっても混乱は生じないから、裁決主義をとることに合理性があるといえるでしょう。

【板垣勝彦】

パスワード：　gyoufuku2016

メールアドレス：　shingyouseifufuku@nifty.com

＊行服法にかかわる質問をメールでお送りください。読者の参考になるものを「関連情報」に反映します。（個別の質問に返答するものではありません）

15 行政手続法における処分等の求め

1 処分等の求め

Aが、あなたの家の隣に、震度5弱の地震で倒壊しそうなビルを建築しました。完成したばかりなのに、当該ビルはあなたの家の方向に傾き始めています。あなたはAにたいして直接、苦情を申し入れましたが、Aは聞き入れる気配がありません。このままでは自己の生命、身体、財産が侵害されると考えたあなたは、いかなる手段で生命、身体、財産にたいする危険を除去することができるでしょうか。

何人も、法令に違反する事実がある場合において、その是正のためにされるべき処分がされていないと考えるときは、当該処分をする権限を有する行政庁にたいし、その旨を申し出て、当該処分をすることを求めることができます（行手法36条の3第1項）。この申出は、①申出者の氏名、住所、②法令に違反する事実の内容、③当該処分の内容、④当該処分の根拠となる法令の条項、⑤当該処分がされるべきであると考える理由、⑥その他参考となる事項を記載した申出書を提出して行わなければなりません（同条2項）。先の事例でいえば、あなたは、特定行政庁にたいして、①あなたの氏名、住所、②Aが建築したビルが建築基準関係法令の定める耐震強度を備えていないこと、③当該ビルの除却命令、④建築基準法9条1項、⑤このままでは当該ビルが倒壊してあなたの生命、身体、財産が害されるから、といった事項を記載した申出書を提出することになります。申出を受けた行政庁は、必要な調査を行い、その結果にもとづき必要があると認めるときは、当該処分をしなければなりません（同条3項）。

なお、申出者は、権限を有する行政機関にたいして、処分ではなく行政指導をすることを求めることもできます（行手法36条の3第1項）。ただし、行政指導の根拠となる規定が法律に置かれているものにかぎられます。

この「処分等の求め」は、行政規制によって利益を受ける者のイニシアティブにより規制権限の発動を促し、国民の権利利益を保護するというもので、行服法改正と軌を一にして制度化されたものです。ただし、行政不服審査制度が不服申立人適格（行訴法の抗告訴訟における原告適格）を有する者にとっての主観的争訟制度であるのにたいして、処分等の求めは、誰でも申し出ることができる点で異なるため、平成26年の法改正により、行服法ではなく、行手法のなかに規定されました。

なお、Aにたいしては、民事訴訟を提起して、人格権にもとづく妨害排除を求めることも可能です。現実には、Aにたいする民事訴訟と行政庁にたいする処分等の求めおよび義務付け訴訟を組み合わせることになります。

2　不作為についての審査請求との異同

処分等の求めは、行政庁が行うべき処分を行っていないことにたいして不服を申し出るという点で、不作為についての審査請求と似ています。ただし、処分等の求めが用いられる局面は、不作為についての審査請求とは異なることに注意しましょう。そのキーワードが、「申請」です。すなわち、国民が行政庁にたいし「申請」によって自己の利益となる処分の発動を求めたにもかかわらず、行政庁から応答がなされない場合に行われるのが不作為についての審査請求です。これにたいして、処分等の求めが用いられるのは、処分の根拠法規に「申請」というしくみが置かれていない場合です。その証拠に、行手法36条の3では「申出」という概念が用いられており、「申請」と区別しています。さらに、処分等の求めにおいて「処分」の相手方となるのは、申出者以外の第三者です。申出者が、行政庁にたいして、自分に不利益をもたらす第三者に向けて不利益処分をするように求めるのが、処分等の求めというしくみなのです。

3 行政庁が処分を行わない場合の不服申立ての手段

申出がなされたとしても、行政庁が当該処分をする必要がないと認めるときは、当該処分をしなくとも構いません。申出者が行政庁の「処分をしない」という判断に不満をもつ場合、行服法上の不服申立て手段は認められておらず、行政庁の所属する国・自治体を被告にして、裁判所に非申請型義務付け訴訟（行訴法3条6項1号、37条の2）を提起して争うことになります。申請型義務付け訴訟でないのは、当該処分が「法令に基づく申請」（同法3条6項2号）にもとづきなされるものではないからです。

これにたいして、申出にたいして行政庁が行った「処分をしない」という判断を申請にたいする拒否処分であると解釈して、「処分をしない」という判断にたいする行服法上の審査請求を認めるべきという意見も有力です。この解釈をとる場合、「処分をしない」という判断にたいする取消訴訟も認められますし、義務付け訴訟は申請型義務付け訴訟として提起することになります。立法者がわざわざ「申請」ではなく「申出」という概念を用いた以上、この解釈が採用されるか否かはわかりませんが、行政庁の「処分をしない」という判断にたいして審査請求を行うか、あるいは裁判所に取消訴訟や申請型義務付け訴訟を提起して、反応をみるのもよいと思います。

なお、申出を行う際に、申出者が非申請型義務付け訴訟のような原告適格を有することは求められていません。誰であっても、必要があると認めるときは、行政庁にたいして申出を行うことが可能なのです。処分等の申出は、これまで事実上認められてきた行政にたいする国民からの苦情申出を、行手法上の制度として確立したものといえるでしょう。

4　条例に根拠を有する処分について

ところで、行手法における処分等の求めの規定は、法令に根拠が置かれた処分にのみ適用されるため（行手法3条3項）、処分の根拠が条例に置かれているものについては、適用されません。具体的には、各自治体の屋外広告物条例にもとづく除却命令などです。各自治体は、行手法の規定の趣旨にのっとり、行政運営における公正の確保と透明性の向上をはかるため必要な措置を講ずるよう努めなければならない（行手法46条）とされてはいるのですが、具体的に行手法と同じ内容の規定を置くか否かは、各自治体の行政手続条例に委ねられます。各自治体の条例の定めを調べてから、処分等の求めを行うかについて決める必要がある点には、注意してください（もちろん、これまでどおり、各自治体にたいして苦情を申し出ることは可能です）。

【板垣勝彦】

終　法化社会の実現に向けて

1　私たちの生活と法化社会

私たちは日常生活において、法律とのかかわりを意識して生活することはあまりないと思います。でも、年金や婚姻等の手続はいうまでもありませんが、水道水を使用したり、道路を歩行したりと、私たちの生活は、何らかの法律やその下のルールにもとづいてコントロールされています。私たちの生活が便利になればなるほど、私たちはより複雑になった法律等のコントロールの下で、生活しているのです。このことによって、社会の安定は維持されていますし、私たちも安心して生活できるわけです。その多くは、行政の役割です。

行政は、法律を執行するために、行政内部の運用基準や手続等のルールにもとづいて活動しています。ところが、行政は法律を執行するだけではなく、何らかの価値を創造する役割も果たすようになってきました。たとえば、地方公共団体が制定する景観や「まちづくり」関係の条例や要綱は、その典型的な事例です。しかも、この価値創造的な行政の活動は、住民の熱意に支えられている場合も少なくありません。したがって、政策（条例を含む）形成過程への直接的な参加を意味する市民参加（市民参画）は、すでに１９６０（昭和35）年代後半より、先進的な地方公共団体を中心に推進されてきました。また、1990（平成2）年代頃より、市民活動団体と行政との目的の共有化や対等の協議を前提に、役割分担や連携による協働関係も多く形成されるようになってきました。しかしながら、地方公共団体と市民活動団体の双方の責任分担のありかたについては、かならずしも十分に整理されてきたわけではなく、今後も議論が必要とされるところです。

こうした動向は、私たちの生活や権利を守るため、行政の権利侵害を避け適切に法の運用を実施する「法律による行政」だけでなく、私たち個々人が法律を活用して積極的に行政の課題解決をめざす社会形成が求められていることを示しています。個々人が法律を活用する基盤がなければ、市民参加も協働も進みませんし、個々人のこの基盤が市民参加や協働を補完する役割を果たし、民主主義をより確かなものにしていくことになります。このように、個々人が法律を活用して行政の課題を解決することで、より創造的、民主的な社会を実現していくことになります。これが法化社会であるといえるでしょう。

2　私たちの権利と法化社会の確立のために

行政訴訟によって権利救済をはかることができるとしても、時間、お金、専門的知識（あるいはその支援）も必要であり、ハードルが高いと感じる人は泣き寝入りせざるをえなくなるでしょう。とくに、いわゆる社会的弱者にとっては、訴訟を起こすことは困難かもしれません。したがって、訴訟のありかたについては、社会的弱者の観点から改革が必要になるとともに、一方では、訴訟よりも簡易迅速な救済制度の整備が不可欠となります。

また、訴訟では違法性が問題となりますが、私たちは違法性だけではなく、行政の手続や処分の公平性、不当性を問題にすることも多いと思います。その場合には、本書で解説している改正行服法にもとづいて不服申立てを行う道もあります。同法の目的は、「行政庁の違法又は不当な処分その他公権力の行使に当たる行為に関し、国民が簡易迅速かつ公平な手続の下で広く行政庁に対する不服申し立てをすることができるための制度を定めることにより、国民の権利利益の救済を図るとともに、行政の適正な運営を確保すること」です。改正法では、「公正な手続」による救済を明確に表明しています。一方では、「行政の適正な運営」の確保をはかり、自己統制をめざすものです。また、今回の改正で不服申立前置の廃止・縮小が実現し、私たちがまず不服申立てをするか、最初から裁判所へ出訴するかどうかを判断できる領域は拡大されました。

ところで、改正行服法は審理における客観性と公正性をめざしている点で一定の評価ができます。しかしながら、審査庁と審理員との関係等、行政不服審査の独立性がどこまで実現できるのかは、今後の実際の運用次第です。したがって、審査庁は、たとえば審理員が独立して判断できるよう、これまで以上に「行政の適正な運営を確保する」という認識を高める必要があります。一方で、このことを確立していくには、私たち市民による行政のチェックにかかっていることになりますので、市民による行服法の利用を活発化し、市民の適正な権利の行使が求められます。また同時に、審査庁による審理員の指名や国の行政不服審査会や地方公共団体の附属機関等のしくみや人選のありかたについても、市民のコントロールが及ぶように審査庁は市民に適切かつ丁寧に説明すべきではないでしょうか。

法化社会の確立には、この市民による行政統制と行政の自己統制の両側面が求められています。したがって、法化社会の確立には、市民による行政統制を支援するしくみがその基盤に求められます。

―3　市民の権利救済を支援する社会：法化社会の基盤形成のために―

私たちが行政に苦情を申し立てようとする場合には、いろいろなルートが考えられます。そこで、私たちは必要に応じて、救済手段を使い分けることになります。でも、そもそもどのような解決手段が利用できるのか、どこに苦情を申し立てる必要があるのかなど、不安はたくさんあります。そのための窓口は必要不可欠です。

ご近所の相談窓口

まずは、処分等に直接かかわった担当部署や広聴担当に不満を伝え、権利救済を要求するかもしれません。また、地域社会では、自治会長、地元選出議員等に相談することもあるでしょう。あるいは、地方公共団体が定期的に設ける法律相談や一般の行政相談に行き、権利救済の手段について情報を得ることもできます。法律相談では、弁護士を中心とした法律の専門家からアドバイスを受けることができます。その他、民生委員、人権擁護委員、さらには行政相談委員等に解決を求めることもあると思います。

行政相談（委員）の活用

国の行政一般を対象とする行政相談委員制度について触れておきましょう。これは行政相談委員法（昭和41年7月1日施行）により、「行政の民主的な運営に寄与することを目的」（同法1条）として活動しています。行政相談委員は、民間人を市町村長の推薦にもとづき総務大臣が委嘱します。行政相談委員は、全国に約5000人いて、国民の身近な窓口として、苦情解決に向けてボランティアで活動しています。同法4条には、「委員は、総務大臣に対して、業務の遂行を通じて得られた行政運営の改善に関する意見を述べることができる」と定められていて、民間人が大臣に直接意見を伝えることができるのは唯一行政相談委員だけです。また、総務省行政評価局でも行政相談の窓口が設置されています。判断が難しい事例に関しては、総務省やその各管区等の行政評価局長の判断により、民間有識者によって構成される行政苦情救済推進会議に諮り意見を聴取します。このように、解決に慎重な判断が求められ、行政の制度や運営の改善を的確、効果的に推進するため第三者委員会を設けていることで、「ミニ・オンブズマン」ともいわれることがあります。

この国の行政相談の管轄は、国の行政に関係する範囲としていますが、実際には地方公共団体や民事に関する苦情も多く、相談や照会を通じて、適切な権利救済の窓口を導くことが期待されています。

地方公共団体のオンブズマン

ところで、地方公共団体によっては、公的オンブズマンを設置しています。日本の公的オンブズマンは、1990（平成2）年に東京都中野区の福祉オンブズマンと川崎市の川崎市市民オンブズマンが設立され、その後40程度の地方公共団体で公的オンブズマンが設置されています。その他、介護保険関係の類似制度を設けている地方公共団体も存在します。条例もしくは要綱にもとづいて設立され、独立性を担保するために議会の同意を得て首長が任命するという形態をとる地方公共団体もあります。

住民からの苦情の救済を目的としますが、オンブズマンの意見表明や勧告によって行政の運営改善、ひいては政策変更に影響力を及ぼします。公的オンブズマンによる救済は、行政不服審査の裁決のような強制力はありませんが、独立して調査、判断が行われることもあり、その効果は高いと評価されています。

日本弁護士連合会も「行政不服審査制度の抜本的改正を求める意見書」（平成18年7月20日）で、国レベルや地方公共団体においてオンブズマン制度導入の必要性を指摘しています。

筆者が確認したいくつかの地方公共団体の公的オンブズマンについては、今回の行服法の改正にともなって、現在設置されている公的オンブズマンの機能の変更やオンブズマン事務局の職員が同時に審理員として指名されることなどは検討していないとのことでした。条例等の規定により、法にもとづく審査請求等がなされている場合には公的オンブズマンの管轄対象から外れることは当然であると思います。しかしながら、より具体的な制度設計の検討は必要であるものの、複数の公的オンブズマンが合議によって行政不服審査の附属機関としての役割も兼ねることができないものか検討する余地は十分にあると考えられます。その理由は、そもそも「行政不服審査会」の委員として相応しい人物がオンブズマンに任命されているし、独立して判断できる制度設計になっているからです。

行政不服審査制度の活用

そして、行政不服審査制度の活用です。先に、ご近所の相談窓口、行政相談（委員）の活用、さらには地方公共団体のオンブズマンについて触れましたが、法的な市民の権利保障の観点からは、これらよりも行政不服審査制度の活用が望まれます。したがって、先に触れた市民の権利を保障するさまざまな手段は、市民意識を高め、法的な権利の認識を促すことを目的としたものであると位置づけることもできます。

4　そろそろ法を積極的に活用しませんか？

私たちは行政との関係で課題を抱えた場合、どのようにすれば解決への道が開かれるのかは多くの場合わからないと思います。したがって、これまでは、先に示したような相談窓口を活用することになります。この相談の段階で、行政の課題解決の可能性が広がる場合もあるでしょうし、解決が無理であれば、行政不服審査や訴訟の選択もある場合も多いと思います。今回の行政不服審査制度改革によって、以前より独立して判断できるしくみが構築され、簡易迅速に私たちの権利が守られるようになりました。そこで、まずは本書で基礎的な素養を身につけ、行政不服審査制度を積極的に活用していくことで、私たちの権利保障を高め法化社会を発展させていきたいですね。

【今川晃】

資　料

行政不服審査法 要綱

行政不服審査法 要綱

第一 総則

一 目的等

1 この法律は、行政庁の違法又は不当な処分その他公権力の行使に当たる行為に関し、国民が簡易迅速かつ公正な手続の下で広く行政庁に対する不服申立てをすることができるための制度を定めることにより、国民の権利利益の救済を図るとともに、行政の適正な運営を確保することを目的とすること。（第一条第一項関係）

2 行政庁の処分その他公権力の行使に当たる行為（以下単に「処分」という。）に関する不服申立てについては、他の法律に特別の定めがある場合を除くほか、この法律の定めるところによるものとすること。（第一条第二項関係）

二 審査請求

1 行政庁の処分に不服がある者は、審査請求をすることができるものとすること。（第二条関係）

2 法令に基づき行政庁に対して処分についての申請をした者は、当該申請から相当の期間が経過したにもかかわらず、行政庁の不作為（法令に基づく申請に対して何らの処分をもしないことをいう。以下同じ。）がある場合には、当該不作為についての審査請求をすることができるものとすること。（第三条関係）

3 審査請求は、法律（条例に基づく処分については、条例）に特別の定めがある場合を除くほか、原則として、処分庁等（処分をした行政庁（以下「処分庁」という。）又は不作為に係る行政庁（以下「不作為庁」という。）をいう。以下同じ。）に上級行政庁がない場合には当該処分庁等に、処分庁等に上級行政庁がある場合には当該処分庁等の最上級行政庁に対してするものとすること。（第四条関係）

三 再調査の請求

1 行政庁の処分につき処分庁以外の行政庁に対して審査請求をすることができる場合において、法律に再調査の請求をすることができる旨の定めがあるときは、当該処分に不服がある者は、当該処分について二1により審査請求をした場合を除き、処分庁に対して再調査の請求をすることができるものとすること。（第五条第一項関係）

2 1により再調査の請求をしたときは、当該再調査の請求をした日の翌日から起算して三月を経過しても処分庁が決定をしない場合等を除き、当該再調査の請求についての決定を経た後でなければ、審査請求をすることができないものとすること。（第五条第二項関係）

四 再審査請求

行政庁の処分につき法律に再審査請求をすることができる旨の定めがある場合には、当該処分についての審査請求の裁決（以下「原裁決」という。）に不服がある者は、当該法律に定める行政庁に対して再審査請求をすることができるものとすること。（第六条関係）

五 適用除外等

1 この法律に定める審査請求の手続を適用することが適当でない処分及びその不作為については、二1及び2は、適用しないものとすること。（第七条第一項関係）

2 国の機関又は地方公共団体その他の公共団体若しくはその機関に対する処分で、これらの機関又は団体がその固有の資格において当該処分の相手方となるもの及びその不作為については、この法律の規定は、適用しないものとすること。（第七条第二項関係）

3 1及び2の規定は、1及び2により審査請求をすることができない処分又は不作為につき、別に法令で当該処分又は不作為の性質に応じた不服申立ての制度を設けることを妨げないものとすること。（第八条関係）

第二 審査請求

一 審査庁及び審理関係人

1 審理員

(一) 審査請求がされた行政庁（4により引継ぎを受けた行政庁を含む。以下「審査庁」という。）は、審査庁に所属する職員のうちから三に規定する審理手続を行う者を指名するとともに、その旨を審査請求人及び処分庁等に通知しなければならないものとすること。ただし、次に掲げる機関が審査庁である場合等は、この限りでないものとすること。（第九条第一項関係）

(1) 内閣府設置法（平成十一年法律第八十九号）第四十九条第一項若しくは第二項又は国家行政組織法（昭和二十三年法律第百二十号）第三条第二項に規定する委員会

(2) 内閣府設置法第三十七条若しくは第五十四条又は国家行政組織法第八条に規定する機関

(3) 地方自治法（昭和二十二年法律第六十七号）第百三十八条の四第一項に規定する委員会若しくは委員又は同条第三項に規定する機関

(二) 審理員(一)により指名された者をいう。以下同じ。）

の除斥事由について所要の規定を整備するとともに、㈠ただし書に規定する場合における規定の適用の特例を定めること。（第九条第二項から第四項まで関係）

2　法人でない社団又は財団による審査請求及び多数人が共同して審査請求をしようとする場合における総代の互選について、所要の規定を設けること。（第十条及び第十一条関係）

3　審査請求は、代理人によってすることができるものとするとともに、利害関係人の審査請求への参加について所要の規定を設けること。（第十二条及び第十三条関係）

4　行政庁が裁決をする権限を有しなくなった場合の引継ぎその他の措置及び審査請求人が死亡したとき等における審理手続の承継について、所要の規定を設けること。（第十四条及び第十五条関係）

5　第一の二3又は他の法律若しくは条例の規定により審査庁となるべき行政庁（以下「審査庁となるべき行政庁」という。）は、審査請求がその事務所に到達してから当該審査請求に対する裁決をするまでに通常要すべき標準的な期間を定めるよう努めるとともに、これを定めたときは、公にしておかなければならないものとすること。（第十六条関係）

6　審査庁となるべき行政庁は、審理員となるべき者の名簿を作成するよう努めるとともに、これを作成したときは、公にしておかなければならないものとすること。（第十七条関係）

二　審査請求の手続

1　審査請求期間

㈠　処分についての審査請求は、正当な理由があるときを除き、処分があったことを知った日の翌日から起算して三月（当該処分について再調査の請求をしたときは、当該再調査の請求についての決定があったことを知った日の翌日から起算して一月）を経過したときは、することができないものとすること。（第十八条第一項関係）

㈡　処分についての審査請求は、正当な理由があるときを除き、処分（当該処分について再調査の請求をしたときは、当該再調査の請求についての決定）があった日の翌日から起算して一年を経過したときは、することができないものとすること。（第十八条第二項関係）

2　審査請求書の提出等

㈠　審査請求は、原則として、審査請求書を提出して

しなければならないものとし、審査請求書に記載する事項について所要の規定を設けること。（第十九条関係）

㈡　口頭で審査請求をする場合における手続及び処分庁等を経由してする審査請求について、所要の規定を設けること。（第二十条及び第二十一条関係）

3　処分庁が誤って審査請求をすべき行政庁でない行政庁を審査請求をすべき行政庁として教示した場合、再調査の請求をすることができない処分につき処分庁が誤って再調査の請求をすることができる旨を教示した場合及び処分庁が誤って審査請求をすることができる旨を教示しなかった場合の救済について、所要の規定を設けること。（第二十二条関係）

4　審査請求書が2㈠の規定に違反する場合には、審査庁は、相当の期間を定め、その期間内に不備を補正すべきことを命じなければならないものとするとともに、その期間内に不備を補正しないときは、審査庁は、三に規定する審理手続を経ないで、裁決で、当該審査請求を却下することができるものとし、審査請求が不適法であって補正することができないことが明らかなときも、同様とするものとすること。（第二十三条及び第二十四条関係）

5　執行停止

㈠　審査請求は、処分の効力、処分の執行又は手続の続行を妨げないものとすること。（第二十五条第一項関係）

㈡　審査庁は、必要があると認める場合には、審査請求人の申立て等により、処分の効力、処分の執行又は手続の続行の全部又は一部の停止その他の措置（以下「執行停止」という。）をとることができるものとし、審査請求人の申立てがあった場合において、処分、処分の執行又は手続の続行により生ずる重大な損害を避けるために緊急の必要があると認めるときは、審査庁は、公共の福祉に重大な影響を及ぼすおそれがあるとき、又は本案について理由がないとみえるときを除き、執行停止をしなければならないものとすること。（第二十五条第二項から第六項まで関係）

㈢　執行停止の申立てがあったとき、又は審理員から執行停止をすべき旨の意見書が提出されたときは、審査庁は、速やかに、執行停止をするかどうかを決定しなければならないものとすること。（第二十五条第七項及び第四十条関係）

㈣　執行停止をした後において、執行停止が公共の福祉に重大な影響を及ぼすことが明らかとなったとき、その他事情が変更したときは、審査庁は、その執行停止を取り消すことができるものとすること。（第二十六条関係）

6　審査請求人は、裁決があるまでは、いつでも審査請求を取り下げることができるものとすること。（第二十七条関係）

三　審理手続

1　審査請求人、参加人（一3により審査請求に参加する者をいう。以下同じ。）及び処分庁等（以下「審理関係人」という。）並びに審理員は、簡易迅速かつ公正な審理の実現のため、審理において、相互に協力するとともに、審理手続の計画的な進行を図らなければならないものとすること。（第二十八条関係）

2　審理員は、審査庁から指名されたときは、処分庁等が審査庁である場合を除き、直ちに、審査請求書又は審査請求録取書の写しを処分庁等に送付しなければならないものとするとともに、処分庁等に対し、弁明書の提出を求めるものとし、弁明書に記載する事項等及び審理関係人への送付について所要の規定を設けること。（第二十九条関係）

3　審査請求人は2により送付された弁明書に記載された事項に対する反論を記載した書面を、参加人は審査請求に係る事件に関する意見を記載した書面を、それぞれ提出することができるものとし、これらの審理関係人への送付について所要の規定を設けること。（第三十条関係）

4　審査請求人又は参加人の申立てがあった場合には、審理員は、原則として、当該申立てをした者（以下4において「申立人」という。）に口頭で審査請求に係る事件に関する意見を述べる機会を与えなければならないものとするとともに、意見の陳述（以下「口頭意見陳述」という。）に際し、申立人は、審査請求に係る事件に関し、処分庁等に対して質問を発することができるものとするなど、口頭意見陳述について所要の規定を設けること。（第三十一条関係）

5　審査請求人又は参加人は証拠書類又は証拠物を、処分庁等は当該処分の理由となる事実を証する書類その他の物件を、それぞれ提出することができるものとするとともに、審理員は、審査請求人若しくは参加人の申立てにより又は職権で、書類その他の物件の所持人に対し、その物件の提出を求め、提出された物件を留め置くことができるものとすること。（第三十二条及び第三十三条関係）

6　審理員は、審査請求人若しくは参加人の申立てにより又は職権で、適当と認める者に参考人としてその知っている事実の陳述若しくは鑑定を求め、必要な場所につき検証をし、又は審査請求に係る事件に関し審理関係人に質問することができるものとすること。（第三十四条から第三十六条まで関係）

7　審理員は、審査請求に係る事件について、審理すべき事項が多数であり又は錯綜《そう》しているなど事件が複雑であることその他の事情により、迅速かつ公正な審理を行うため、4から6までに定める審理手続を計画的に遂行する必要があると認める場合には、あらかじめ、これらの審理手続の申立てに関する意見の聴取を行うことができるものとすること。（第三十七条関係）

8　審査請求人又は参加人は、10により審理手続が終結するまでの間、この法律の規定により提出された書類その他の物件の閲覧又は写し等の交付を求めることができるものとし、閲覧又は交付を拒むことができる場合及び閲覧又は交付に係る書類その他の物件の提出人に対する意見の聴取、交付に係る手数料の納付等について、所要の規定を設けること。（第三十八条関係）

9　審理員は、必要があると認める場合には、数個の審査請求に係る審理手続を併合し、又は併合された数個の審査請求に係る審理手続を分離することができるものとすること。（第三十九条関係）

10　審理手続の終結について所要の規定を設けるとともに、審理員は、審理手続を終結したときは、遅滞なく、審査庁がすべき裁決に関する意見書（以下「審理員意見書」という。）を作成しなければならないものとし、これを作成したときは、速やかに、事件記録とともに、審査庁に提出しなければならないものとすること。（第四十一条及び第四十二条関係）

四　審査庁は、審理員意見書の提出を受けたときは、審査請求に係る処分若しくは審査請求の裁決の際に一１㈠から㈢までに掲げる機関若しくは地方公共団体の議会等の議を経た場合、審査請求人が諮問を希望しない場合、行政不服審査会等（行政不服審査会又は第五の二１若しくは２の機関をいう。以下同じ）によって諮問を要しないものと認められたものである場合、審査請求を却下する場合又は審査請求の全部を認容する場合を除き、審査庁が主任の大臣等である場合にあっては行政不服審査会に、審査庁が地方公共団体の長（地方公共団体の組合にあっては、長、管理者又は理事会）である場合にあっては第五の二１又は２の機関に、それぞれ諮問しなければならないものとし、諮問の手続について所要の規定を設ける

こと。（第四十三条関係）

五　裁決

1　審査庁は、行政不服審査会等から諮問に対する答申を受けたとき等は、遅滞なく、裁決をしなければならないものとすること。（第四十四条関係）

2　審査請求の却下又は棄却

（一）　審査請求が不適法である場合には、審査庁は、裁決で、当該審査請求を却下するものとし、審査請求が理由がない場合には、審査庁は、裁決で、当該審査請求を棄却するものとすること。（第四十五条第一項及び第二項並びに第四十九条第一項及び第二項関係）

（二）　審査請求に係る処分が違法又は不当ではあるが、これを取り消し、又は撤廃することにより公の利益に著しい障害を生ずる場合において、審査請求人の受ける損害の程度、その損害の賠償又は防止の程度及び方法その他一切の事情を考慮した上、処分を取り消し、又は撤廃することが公共の福祉に適合しないと認めるときは、審査庁は、裁決で、当該処分についての審査請求を棄却することができるものとし、この場合には、審査庁は、裁決の主文で、当該処分が違法又は不当であることを宣言しなければならないものとすること。（第四十五条第三項関係）

3　審査請求の認容

（一）　処分（事実上の行為を除く。以下3において同じ。）についての審査請求が理由がある場合（2（二）の適用がある場合を除く。）には、審査庁は、裁決で、当該処分の全部若しくは一部を取り消し、又はこれを変更するものとすること。（第四十六条第一項関係）

（二）　（一）により法令に基づく申請を却下し、又は棄却する処分の全部又は一部を取り消す場合において、処分庁の上級行政庁又は処分庁である審査庁は、当該申請に対して一定の処分をすべきものと認めるときは、当該処分庁に対し当該処分をすべき旨を命じ、又は当該処分をする措置をとるものとすること。（第四十六条第二項から第四項まで関係）

（三）　事実上の行為についての審査請求が理由がある場合（2（二）の適用がある場合を除く。）には、審査庁は、裁決で、当該事実上の行為が違法又は不当である旨を宣言するとともに、当該処分庁に対し当該事実上の行為の全部若しくは一部を撤廃し、若しくはこれを変更すべき旨を命じ、又は当該事実上の行為の全部又は一部を撤廃し、若しくはこれを変更する措置をとるものとすること。（第四十七条関係）

(四) ㈠又は㈢の場合において、審査庁は、審査請求人の不利益に当該処分を変更し、又は当該事実行為を変更すべき旨を命じ、若しくはこれを変更することはできず、審査庁が処分庁の上級行政庁又は処分庁のいずれでもないときは、当該処分を変更し、又は当該事実上の行為を変更すべき旨を命ずることはできないものとすること。（第四十六条第一項、第四十七条及び第四十八条関係）

(五) 不作為についての審査請求が理由がある場合には、審査庁は、裁決で、当該不作為が違法又は不当である旨を宣言するとともに、不作為庁の上級行政庁又は不作為庁である審査庁は、当該申請に対して一定の処分をすべきものと認めるときは、当該不作為庁に対し当該処分をすべき旨を命じ、又は当該処分をする措置をとるものとすること。（第四十九条第三項から第五項まで関係）

4 裁決の方式、裁決の効力の発生、裁決の拘束力及び提出書類等の返還について、所要の規定を設けること。（第五十条から第五十三条まで関係）

第三 再調査の請求

一 再調査の請求期間

1 再調査の請求は、正当な理由があるときを除き、処分があったことを知った日の翌日から起算して三月を経過したときは、することができないものとすること。（第五十四条第一項関係）

2 再調査の請求は、正当な理由があるときを除き、処分があった日の翌日から起算して一年を経過したときは、することができないものとすること。（第五十四条第二項関係）

二 再調査の請求をすることができる処分につき処分庁が誤って再調査の請求をすることができる旨を教示しなかった場合の救済について、所要の規定を設けること。（第五十五条関係）

三 第一の三2により審査請求がされたときは、第一の三2の再調査の請求は、取り下げられたものとみなすものとすること。（第五十六条関係）

四 処分庁は、再調査の請求がされた日の翌日から起算して三月を経過しても当該再調査の請求が係属しているときは、遅滞なく、当該処分について直ちに審査請求をすることができる旨を書面でその再調査の請求人に教示しなければならないものとすること。（第五十七条関係）

五 再調査の請求の決定

1　再調査の請求が不適法である場合には、処分庁は、決定で、当該再調査の請求を却下するものとし、再調査の請求が理由がない場合には、処分庁は、決定で、当該再調査の請求を棄却するものとすること。（第五十八条関係）

2　再調査の請求が理由がある場合には、処分庁は、決定で、当該処分の全部若しくは一部を取り消し、若しくは撤廃し、又はこれを変更するものとすること。この場合において、処分庁は、再調査の請求人の不利益に当該処分を変更することはできないものとすること。（第五十九条関係）

3　1及び2の決定の方式について、所要の規定を設けること。（第六十条関係）

六　審査請求に関する規定は、再調査の請求について準用するものとし、この場合における読替えについて定めること。（第六十一条関係）

第四　再審査請求

一　再審査請求期間

1　再審査請求は、正当な理由があるときを除き、原裁決があったことを知った日の翌日から起算して一月を経過したときは、することができないものとすること。（第六十二条第一項関係）

2　再審査請求は、正当な理由があるときを除き、原裁決があった日の翌日から起算して一年を経過したときは、することができないものとすること。（第六十二条第二項関係）

二　審理員又は委員会等である再審査庁（他の法律の規定により再審査請求がされた行政庁（四において準用する第二の一4により引継ぎを受けた行政庁を含む。）をいう。以下同じ。）は、原裁決をした行政庁に対し、原裁決に係る裁決書の送付を求めるものとすること。（第六十三条関係）

三　再審査請求の裁決

1　再審査請求が不適法である場合には、再審査庁は、裁決で、当該再審査請求を却下するものとし、再審査請求が理由がない場合等には、再審査庁は、裁決で、当該再審査請求を棄却するものとすること。（第六十四条関係）

2　再審査請求が理由がある場合には、再審査庁は、裁決で、当該原裁決等（事実上の行為を除く。）の全部若しくは一部を取り消し、又は当該事実上の行為の全部又は一部を撤廃すべき旨を命ずるものとすること。

（第六十五条関係）

四　審査請求に関する規定は、再審査請求について準用するものとし、この場合における読替えについて定めること。（第六十六条関係）

第五　行政不服審査会等

一　行政不服審査会

1　設置及び組織

㈠　総務省に、行政不服審査会（以下「審査会」という。）を置くものとし、審査会は、この法律の規定によりその権限に属させられた事項を処理するものとすること。（第六十七条関係）

㈡　審査会は、審査会の権限に属する事項に関し公正な判断をすることができ、かつ、法律又は行政に関して優れた識見を有する者のうちから、両議院の同意を得て、総務大臣が任命する委員九人で構成するものとするほか、審査会の組織について、必要な規定を設けること。（第六十八条から第七十三条まで関係）

2　審査会の調査審議の手続について、所要の規定を設けること。（第七十四条から第七十九条まで関係）

3　この法律に定めるもののほか、審査会に関し必要な事項は、政令で定めるものとすること。（第八十条関係）

二　地方公共団体に置かれる機関

1　地方公共団体に、執行機関の附属機関として、この法律の規定によりその権限に属させられた事項を処理するための機関を置くものとすること。（第八十一条第一項関係）

2　1にかかわらず、地方公共団体は、当該地方公共団体における不服申立ての状況等に鑑み同項の機関を置くことが不適当又は困難であるときは、条例で定めるところにより、事件ごとに、執行機関の附属機関を置くこととすることができるものとすること。（第八十一条第二項関係）

3　一2の規定は、1又は2の機関について準用するものとするとともに、当該機関の組織及び運営に関し必要な事項は、当該機関を置く地方公共団体の条例（地方自治法第二百五十二条の七第一項の規定により共同設置する機関にあっては、同項の規約）で定めるものとすること。（第八十一条第三項及び第四項関係）

第六　補則

一　行政庁は、審査請求若しくは再調査の請求又は他の法令に基づく不服申立て（以下一において「不服申立て」と総称する。）をすることができる処分をする場合には、処分の相手方に対し、当該処分につき不服申立てをすることができる旨並びに不服申立てをすべき行政庁及び不服申立てをすることができる期間を書面で教示しなければならないものとするほか、教示及び行政庁が教示をしなかった場合の不服申立てについて所要の規定を設けること。（第八十二条及び第八十三条関係）

二　審査請求、再調査の請求若しくは再審査請求又は他の法令に基づく不服申立て（以下二及び三において「不服申立て」と総称する。）につき裁決、決定その他の処分（三において「裁決等」という。）をする権限を有する行政庁は、不服申立てをしようとする者又は不服申立てをした者の求めに応じ、不服申立書の記載に関する事項その他の不服申立てに必要な情報の提供に努めなければならないものとすること。（第八十四条関係）

三　不服申立てにつき裁決等をする権限を有する行政庁は、当該行政庁がした裁決等の内容その他当該行政庁における不服申立ての処理状況について公表するよう努めなければならないものとすること。（第八十五条関係）

四　この法律に定めるもののほか、この法律の実施のために必要な事項は、政令で定めるものとすること。（第八十六条関係）

五　守秘義務に違反した審査会の委員に対する罰則を設けること。（第八十七条関係）

第七　その他

一　この法律は、原則として、公布の日から起算して二年を超えない範囲内において政令で定める日から施行するものとすること。（附則第一条関係）

二　第五の一1の審査会の委員の任命に関し必要な行為は、この法律の施行の日前においても、行うことができるものとするほか、この法律の施行に関し必要な経過措置を定めること。（附則第二条から第五条まで関係）

三　政府は、この法律の施行後五年を経過した場合において、この法律の施行の状況について検討を加え、必要があると認めるときは、その結果に基づいて所要の措置を講ずるものとすること。（附則第六条）

執筆者紹介

（執筆順，＊は編者）

＊幸《こう》田《だ》 雅《まさ》治《はる》　神奈川大学教授，弁護士　**序，01，02，03**

行政によって権利や利益が侵害されたと思ったら，躊躇せずに不服申立てを行い，自らの権利利益を回復しましょう。一人ひとりの人間を救済することは，一人ひとりを包摂する社会，住民の権利に応える責任をもつ行政の役割を明確にすることにもなります。

岩《いわ》本《もと》 安《やす》昭《あき》　弁護士　**04，05，06，09**

少子高齢化のなかで行政の役割はますます増大しています。行政のすべての分野で公正な行政ができているかというと，そうともいえません。行政不服審査は，行政の自己反省の機会でもあります。積極的にアクセスし，より適正な行政を実現しましょう。

青《あお》木《き》 丈《たけし》　税理士　**07**

税務調査で誤りがみつかっても，通常は修正申告等で税額の是正手続は完了するため，国税手続で更正処分等はほとんどありません。しかし，調査官の誤解などにより違法・不当な処分がされてしまったときには，臆さずに不服を申し立てましょう。

太《おお》田《た》 雅《まさ》幸《ゆき》　弁護士　**08**

役所も私たちと同様，事実を見誤ることがあります。判断根拠となるものが保存されていないこともあるのです。他方で私たちは，自分にとって有利な証拠を豊富にもっていることがありますね。自分に理があると思うときは審査請求にチャレンジしましょう。

日《ひ》置《おき》 雅《まさ》晴《はる》　弁護士　**10**

民事訴訟による建築計画や開発計画の差止め請求は今ではほとんど認容されません。審査請求はそうした事態に，市民が法律でもって立ち向かうことを可能にする数少ない手段です。法律と技術が交錯する難しい分野ですが，チャレンジを期待しています。

板《いた》垣《がき》 勝《かつ》彦《ひこ》　横浜国立大学大学院准教授　**11，12，13，14，15**

行政不服審査法は，みなさんが行政から受けた不許可処分や営業停止命令にたいして，簡易・迅速かつ公正な手続のもとで救済を求めるための法律です。本書を通じて，その使いかたを理解し，実践していただければ幸いです。

今《いま》川《がわ》 晃《あきら》　同志社大学大学院教授　**終**

私たちが権利を行使することは，個々の救済だけでなく，良き行政，良き社会を構築することになります。ひとつの意思表示がとても大切です。

【編者紹介】

幸《こう》 田《だ》 雅《まさ》 治《はる》　神奈川大学法学部教授，弁護士

1979年 東京大学法学部卒業，自治省入省
内閣官房内閣審議官，総務省自治行政局行政課長，同消防庁国民保護防災部長，
中央大学大学院公共政策研究科教授などを経て，2014年から現職
〔主要著書〕
『債権管理・回収の手引き』（共編著）第一法規，2012年
『安全・安心の行政法学』（共編著）ぎょうせい，2009年
『政策法務の基礎知識〔改訂版〕』（共著）第一法規，2008年

Horitsu Bunka Sha

行政不服審査法の使いかた

2016年8月5日　初版第1刷発行

編　者　幸 田 雅 治
発行者　田 靡 純 子
発行所　株式会社 法律文化社

〒603-8053
京都市北区上賀茂岩ヶ垣内町71
電話 075(791)7131　FAX 075(721)8400
http://www.hou-bun.com/

＊乱丁など不良本がありましたら、ご連絡ください。
お取り替えいたします。

印刷：西濃印刷㈱／製本：㈱藤沢製本
装幀：白沢　正

ISBN 978-4-589-03787-9